AF198457

isb GmbH - Systemische Professionalität
Institut für systemische Beratung - Wiesloch
www.isb-w.eu

isb-Handbuch

© 2021 Bernd Schmid

Herausgeber: isb-GmbH, Wiesloch
Autor: Bernd Schmid
Umschlaggestaltung: Bettina Gentner, isb-GmbH
Verlag: tredition GmbH, Halenreie 40-44, 22359 Hamburg

ISBN: 978-3-347-29092-1 (Paperback)
           978-3-347-29094-5 (e-Book)

Bibliografische Information der Deutschen Nationalbibliothek:
Die Deutsche Nationalbibliothek verzeichnet diese Publikation in der Deutschen Nationalbibliografie; detaillierte bibliografische Daten sind im Internet über http://dnb.d-nb.de abrufbar.

isb | Handbuch -

Systemische Professionalität

Gemeinsam

Wirklichkeiten gestalten

von Bernd Schmid 2019

Dr. phil. Bernd Schmid (Jhg. 1946)

ist Gründer und Leitfigur der isb GmbH Wiesloch (seit 1984) und der Schmid Stiftung (seit 2011). Er war international tätig als Referent, Lern- und Professions-kulturentwickler sowie als Unternehmer und Gründer von Initiativen und Verbän-den. Seine Expertise in der Organisationsentwicklung und im Coaching stellt er heute als Mentor und Konzeptentwickler an der Schnittstelle von Profit- und Nonprofit-Unternehmertum bereit.

Schmid ist unter anderem Ehrenmitglied der Systemischen Gesellschaft und Ehrenvorsitzender im Präsidium des Deut-schen Bundesverbandes Coaching. Er ist Preisträger des Eric Berne Memorial Awards 2007 der Internationalen TA-Gesellschaft ITAA, des Wissenschaftspreises 1988 der Europäi-schen TA-Gesellschaft EATA sowie des Life Achievement A-wards 2014 der Weiterbildungsbranche. 2017 ehrte ihn die Deutsche Gesellschaft für Transaktionsanalyse DGTA für sein Lebenswerk.

Zahlreiche Essays zu persönlichen und professionellen Themen finden sich unter

www.isb-w.eu/campus/de/schrift/Blogarchiv-von-Bernd-Schmid-0000SY0812D

Weitere Veröffentlichungen zum kostenlosen Download sowie Videos stehen bereit unter www.isb-w.eu/campus/de und www.youtube.com/user/ISBlearning.

Kopieren, Nutzen und Weiterverbreiten aller über die isb-Website zugänglichen Materialien ist unter Quellenangabe er-laubt und erwünscht.

Inhaltsverzeichnis

Vorwort

Diese Schrift gibt einen Überblick über fast 40 Jahre Entwicklung am isb und führt in die isb-Weise des Verstehens und Umgehens mit Professionalität, Prozessen und Entwicklungen in Organisationen sowie in Fragen von Beratung und des Unternehmertums ein. Sie ist eher für solche Professionelle verfasst, die Erfahrung im Bereich von Organisationen haben, die über eine gewisse Bildung im Umgang mit Rollen, Strukturen, Projekten und Märkten verfügen, sowie Verantwortung übernehmen und Dienstleistungen erbringen.

Die ganze Komplexität der Beratungs- und Supervisionspraxis am isb-Wiesloch kann man live miterleben[1]. In „Gesprächs-Büchern" finden sich Praxisbeispiele angereichert mit Diskussionen über Organisationsrollen und Dienstleistungen, über Organisationskultur und Professionalität, über Konzepte und Strategien sowie über persönliche Stile und Lernen.

Weniger Erfahrene können sich von den systemischen Ansätzen des isb faszinieren lassen und inspirierende Perspektiven für ihr weiteres Lernen erhalten. Sie vermissen jedoch vielleicht eine Schritt-für-Schritt-Anleitung und einfache Beispiele, die unsere Ideen veranschaulichen könnten.

Alle werden eine Fülle von Beschreibungen entdecken, die ihre eigene Erfahrung und ihr Denken mit Hilfe dieser Rahmungen auf den Punkt bringen.

---

[1] Schmid/Liebig: „Systemische Beratung und Supervison im Praxisfeld Organisation – Praxisbeispiele, Konzepte und Vorgehensweisen live".
Schmid/Mikoleit: „Und der Haifisch, der hat Zähne ... Umgang mit Macht, Angst und persönlicher Stärke".

Sie können auch überraschende Erkenntnisse gewinnen und unmittelbar auf Situationen beziehen, die sie in ihrem Bereich erleben.

So können sie sich bestätigt fühlen und schließlich ihre Art und Weise, Ideen für Change zu entwickeln, neu bewerten. Schmökern wird durch die graue Hinterlegung von Schlüsselformulierungen erleichtert.

Kurz gesagt, dieses Buch kann im Praxisfeld Organisation helfen, Standpunkte, Dienstleistungen und Kulturvorstellungen auf den Prüfstand zu stellen und weiter zu entwickeln.

Wir laden Sie ein, den einen oder anderen isb-Ansatz für den Austausch und das Lernen mit Kollegen und Kunden zu nutzen. Aufgrund der isb Open-Source-Politik sind alle Materialien frei nutzbar. Mehr als 5.000 Fachleute nutzen inzwischen das Alumni-Netzwerk isb, darunter Vertreter vieler Branchen und Unternehmensgrößen, z.B. fast aller Dax-Konzerne in Deutschland. Diese Netzwerker, unternehmensinterne (2/3) und selbstständige, externe Fachkräfte (1/3) haben in der Regel zwei Jahre lang berufsbegleitend am isb gelernt und arbeiten nun in Peergroups und an Projekten in vielen Regionen und international zusammen. Sie tauschen Erkenntnisse, praktische Vorgehensweisen, Hinweise und Stellenangebote aus. Viele von ihnen nennen das isb ihre berufliche Heimat.

Wer vertiefend mit den einzelnen Themen und Materialien arbeiten möchte, findet eine Anleitung zur Nutzung auf dem isb-Camus am Ende dieser Schrift. Wer daran interessiert ist, überhaupt isb-Ansätze zu studieren, kann gerne die isb-Website www.isb-w.eu besuchen, an Curricula teilnehmen oder Seminare und Kooperationen vor Ort selbst organisieren. Es gibt viel Material auf Deutsch und Englisch und internationale Plattformen für Dialog und gemeinsame Entwicklungen.

Bernd Schmid, Wiesloch im März 2021

Mein Dank geht an:

Anandan Geethan und Anuradha Kannan für die Zusammenarbeit bei Seminaren in Indien und für das gemeinsame Schreiben eines Vorläufers dieses Buches (Schmid, Geethan 2015) in Englisch.

Rosemary Napper, die Seminare in Oxford, UK und in den USA organisierte.

Renato Morandi, der ein Seminar und eine Coaching-Konferenz in Porto Alegre, Brasilien, organisierte und die Möglichkeit bot, Videos auf Englisch zu produzieren.

An Markus Schwemmle und seine Task Force, die die Organisation der internationalen INOC-Treffen übernommen haben.

An Albrecht Schürhoff und Hildegard Werland, die den englischen Text aus sprachlicher Perspektive durcharbeiteten.

An Dagmar Wötzel und Christian Zielke, die uns hilfreiches Feedback gaben.

An die Mitarbeiterinnen, die sich für das Projekt engagiert haben: Lisa Meggendorfer, Almuth Pühra, Judith Schmid, Laura Sobez, Ingeborg Weidner, Heidi Wetzel und Bettina Gentner.

An alle Kollegen und Kunden, die uns die Möglichkeit gegeben haben, seit fast 40 Jahren zu lernen und uns weiterzuentwickeln.

Einführung

„Kultur entsteht durch Kultur und Beispiele machen Schule."
(isb-Slogan)

Eine Organisation ist keine definierte Sache. Als was eine Organisation erscheint kann sehr verschieden sein und abhängig von gewählten Perspektiven. Der Eigentümer eines Unternehmens mag es als rechtliche und finanzielle Konstruktion sehen. Der technische Direktor kann es als Gebäude mit technischen Ausrüstungen, der Personaldirektor als Marktplatz für Qualifikationen und Leistungen und der Ausbildungsleiter als Ansammlung von Kompetenzen und Bedarfe für mehr Qualifikation sehen usw.

Das isb diskutiert Unternehmen aus vielfältigen Perspektiven, die für die Entwicklung von Professionellen und Unternehmenskultur wichtig sind, immer in Bezug auf Menschen und Leistung. Aus systemischer Perspektive kann ein Unternehmen z.B. als Netzwerk von Führungsbeziehungen oder als Verantwortungs-System betrachtet werden oder als ein System, in dem Lernen stattfindet.

Dies verdeutlicht, dass es bei "systemisch" auch um die Sichtweise der Dinge geht neben dem, dass die Organisation selbst als System definiert werden kann. Systemische Betrachtungen behandeln Vorstellungen von Realität als wirklich im Sinne von wirkend, selbst wenn sie mit faktischer Realität nur vage verknüpft sind.

Aus systemischer Sicht ist Wirklichkeit immer die des Betrachters. Wir betrachten Unternehmen als menschliche Systeme, also als Beziehungen zwischen Menschen in ihren Organisations-Rollen. Leistung und Zufriedenheit im Arbeitsleben sind

Kern-Perspektiven unserer Expertise.

Damit erreichen wir verantwortliche Führungskräfte und Dienstleister, die bereit sind, ihre Arbeit und ihr Unternehmen ebenfalls aus diesen Perspektiven zu betrachten.

Unser Hauptaugenmerk bei Organisations-Entwicklung liegt auf Entwicklung durch Kultur. Kultur? Haben wir Zeit und Ressourcen für Kultur-Entwicklung? Wir sollten sie uns auf jeden Fall nehmen!

Wenn du denkst, dass Kultur teuer ist, versuche es mit Ignoranz!

Ein Bild hilft oft, uns wieder mit vernachlässigten Elementen unserer Erfahrung in Verbindung zu bringen. Abb.1

Wer schnell zur Sache will, sollte mit Kultur anfangen.

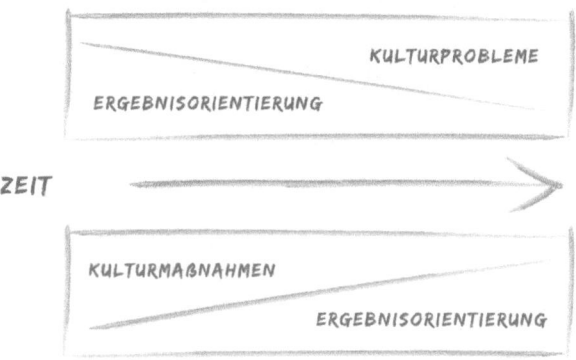

Abb. 1:   Verhältnis von Ergebnis- und Kultur-Orientierung in Organisationen (Schmid 1996)

Fast jeder hat schon in einem Projekt erlebt, dass sich nach schnellem Start und schnellen Ergebnissen nach einiger Zeit Probleme auftürmen. Kultur-Orientierung wird oft zugunsten von Ergebnis-Orientierung zurückgestellt. Doch dann wird es nach und nach schwieriger und teurer, gute Ergebnisse zu erzielen, weil man versäumt hat, sich um wesentliche Grundlagen zu kümmern. Wenn man sich für schnelle Erfolge entscheidet und Kultur vernachlässigt, kann der Schnellschuss später leicht nach hinten losgehen. Wenn man sich jedoch von Anfang an auch gut um Kultur kümmert, kann die Fähigkeit, Ergebnisse zu erzielen, stetig wachsen. Je komplexer die Aufgaben eines Teams werden und je schneller sich Umstände ändern können, desto wichtiger wird eine kulturelle Grundlage des gemeinsamen Arbeitens.

Der Komplexität, mit der Menschen und Organisationen betrachtet werden können, sind keine Grenzen gesetzt. Wir erläutern in diesem Buch die Perspektiven und Ansätze, die unserer Expertise entsprechen. Dabei fühlen wir uns dafür verantwortlich, der umfassenden Verantwortung des Unternehmertums gerecht zu werden. Denn diese ist am Ende des Tages entscheidend.

1. Gemeinsame Wirklichkeiten

Warum gemeinsame Wirklichkeiten?

Eine Organisation ist eine Komposition aus vielen Wirklichkeiten. Sie wirken zusammen, erzielen Ergebnisse und schaffen berufliche Lebenskultur. Diese Wirklichkeiten können entweder gut zusammenwirken oder fragmentiert bleiben. Wenn die Wirklichkeiten nicht zusammenkommen, wird unnötig Zeit, Geld, Produktivität und menschliche Energie verbraucht. Daher ist die Gemeinsamkeit von Wirklichkeiten als Perspektive für alle Bereiche in Organisationen bedeutsam. Betrachtet man Strukturen, Prozesse, Ansätze, Modelle und Methoden, so stellt sich immer die eine dringende Frage: Tragen sie zu einer gemeinsamen Wirklichkeit bei? Gemeinsame Wirklichkeit bedeutet dabei nicht, dass sich alle über alles einig sind, denn sonst würde bereichernde Vielfalt reduziert werden. Es bedeutet schlicht, dass die Beteiligten so viel von den Wirklichkeiten der anderen verstehen, dass sie zusammenwirken können. Effektiv miteinander in Beziehung zu treten, bedeutet, sich auf die Wirklichkeit des anderen in der Art zu beziehen, dass Organisationsleben und Leistung effektiv und befriedigend sind.

1.1. Was ist Wirklichkeit?

Aus systemischer Sicht kann Wirklichkeit nur erfasst werden, wenn wir verstehen, wessen Wirklichkeit gemeint ist. Einzelpersonen und Personengruppen leben in ihrem jeweils eigenen Kosmos, mit ihrer eigenen Mischung aus Wahrnehmungsgewohnheiten, unterschiedlichen Erfahrungen in der Biographie, Interessen, Kompetenzen, Verantwortlichkeiten und Rollen in der Gesellschaft. Obwohl Wirklichkeit auch "harte Fakten" beinhalten kann, ist sie im Wesentlichen eine Erzählung. Und viele "harte Fakten" ergeben sich aus Vorstellungen von Wirklichkeit, die erst in der Folge zu harten Fakten wurden. Deshalb sollten grundsätzlich auch „harte Realitäten" offen sein für Veränderungen und neuen Ideen folgen, die in einem gemeinsamen Prozess Kraft gewinnen und umgesetzt werden.

1.2. Wirklichkeit schaffen durch Kommunikation

Wirklichkeiten, die nicht miteinander geteilt werden, können die Ursache vieler Fehlfunktionen und von Unzufriedenheit sein. Deshalb müssen wir auf ein besseres Zusammenwirken hinarbeiten, wodurch immer auch eine Vergemeinschaftung von Wirklichkeit angestrebt wird. Die bloße Darstellung einer Wirklichkeitssicht als gültiger und verbindlicher Rahmen für alle ist dafür in der Regel nicht ausreichend. Es braucht mehr, um eine aktive und kreative Zusammenarbeit zu erreichen. Es bedarf der Kommunikation über Wirklichkeit mit denen, die als Mitgestalter dieser Wirklichkeit erreicht werden müssen. Deshalb hat eine Kultur der Kommunikation und Kompetenz im Dialog über Wirklichkeit als Kunst und als Verantwortung seine eigene Bedeutung. Das geht weit über die Verbesserung von Zuhören und die eigene Ausdrucksweise hinaus. Im Organisations-Feld benötigen wir Modelle und Ansätze, die in vielen Dimensionen von Rollenanforderungen und persönlichen Fragestellungen spezifische Anteilnahme befördern. Systemische Kommunikationsansätze für den Organisationsbereich, wie sie seit Jahrzehnten am isb entwickelt, praktiziert und gelehrt werden, entsprechen dieser Anforderung. Sie repräsentieren den isb-Kosmos des Verstehens von Menschen in Berufen und Organisationen sowie von „systemischer" Unternehmens- und Kulturentwicklung.

1.3. Kommunikation als Begegnung von Kulturen

Beginnen wir mit einem Kommunikationsmodell, das sich speziell auf die Begegnung verschiedener Realitäten konzentriert. Es dient als Alternative zum traditionellen "Sender-Kanal-Empfänger-Modell" der Kommunikation (Abb. 2).

Abb. 2:   Sender-Kanal-Empfänger

Das Sender-Kanal-Empfänger-Modell repräsentiert eine "kontrollierte" Perspektive auf Kommunikation, die sich an traditionelle technische Vorstellungen anlehnt. Es legt nahe, dass sich die Wirklichkeit von Sender A nach Übermittlung über den Kommunikationskanal identisch beim Empfänger B abbildet. Zwischen Menschen hieße das, dass Kommunikation auf eine kontrollierbare und vorhersagbare Weise funktioniert. Wenn sich aber die Wirklichkeit beim Empfänger nicht in der erwarteten Weise darstellt, hat jemand ein Problem. Kreative Aspekte aus dem kulturellen Hintergrund der Kommunikatoren, die beabsichtigte Wirkungen verändern können, werden dabei nicht akzeptiert. Von Menschlichen Kommunikationspartnern wird erwartet, solche kreativen Erweiterungen als „Fehlfunktion" aus der Kommunikation herauszuhalten.

WIRKLICHKEIT UND
SELBSTORGANISATION VON
SYSTEM A

GEMEINSCHAFTS
WIRKLICHKEIT

WIRKLICHKEIT UND
SELBSTORGANISATION VON
SYSTEM B

Abb. 3:   Kulturbegegnungsmodell der Kommunikation (Schmid 1991)

Im Gegensatz dazu geht das Kulturbegegnungsmodell der Kommunikation (Abb. 3) davon aus, dass jeder Kommunikationspartner seine eigene Wirklichkeit hat. Seine Selbstorganisation orientiert sich an dieser Wirklichkeit. Begegnung kann bestenfalls dazu genutzt werden, um diese persönliche Wirklichkeit und Selbstorganisation weiter zu entwickeln. Dieses Modell betrachtet es als normal, dass Wirklichkeiten unterschiedlich sind und zuerst verbunden werden müssen, wenn so etwas wie eine gemeinsame Wirklichkeit entstehen soll. Die Schaffung einer gemeinsamen Wirklichkeit erfordert extra Kommunikationsaufwand und eine spezifische Kompetenz. Das Kulturbegegnungsmodell der Kommunikation gibt die Idee einer vollständigen Kontrolle von Kommunikation auf, da Wirklichkeiten und Selbstorganisationen lebender Organismen komplex sind und solche Kommunikatoren nicht einmal selbst in der Lage sind, sie vollständig zu kontrollieren. Jeder muss zugestehen, dass es Überraschungen geben wird. Ausgehend von dieser Perspektive verändert sich sowohl der Umgang mit unerwarteten Ergebnissen in der Kommunikation als auch die Art und Weise, wie wir miteinander in Kontakt treten.

1.4. Vier Ebenen gemeinsamer Wirklichkeit

Zunächst eine kurze Einführung in den systemischen Begriff der "Information", da er eine wichtige Grundlage für das Kulturbegegnungsmodell der Kommunikation ist.

Information

Aus systemischer Sicht werden Daten und Informationen als zwei verschiedene Dinge betrachtet. Daten beziehen sich auf Fakten jeglicher Art. Aber nur solche Fakten, die für jemanden einen Unterschied machen, führen zu Informationen. Hier als Beispiel: "Es regnet" ist zunächst ein Datum. Dieses Datum können wir in den Kontext des Wanderns stellen. Wenn wir an einem regnerischen Tag nicht wandern gehen, wird der Unterschied zwischen "regnen" und "nicht regnen" zur relevanten Information für das Wandern. Wenn wir auch an einem regnerischen Tag wandern, hat das Datum „Regen" keinen Informationswert für die Entscheidung, ob wir wandern gehen oder nicht. Aber es könnte für die Frage, ob wir "einen Regenschirm mitbringen" oder "keinen Regenschirm mitbringen" sollen, einen Informationswert haben.

Damit Kommunikation erfolgreich sein kann, muss ein gemeinsamer Bezugsrahmen für das Verständnis von und die Auseinandersetzung mit den Realitäten geschaffen werden. Zu diesem Zweck unterscheiden wir vier Ebenen gemeinsamer Wirklichkeit.

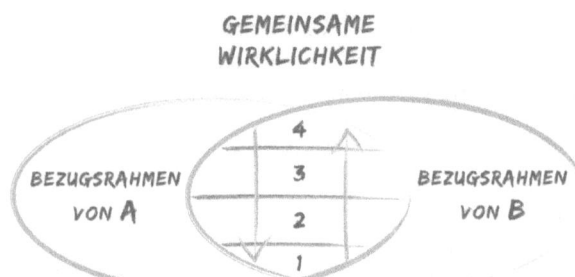

Ebene 4: Gemeinsames Verständnis von Verantwortung und Lösungen
Ebene 3: Gemeinsames Verständnis von Wechselwirkungen von
Menschen und Dingen
Ebene 2: Gemeinsame Bedeutung und Wichtigkeit von Perspektiven
und Fakten
Ebene 1: Gemeinsame Perspektiven und einbezogene Fakten

Abb. 4: 4 Ebenen gemeinsamer Wirklichkeit (Schmid/Hipp 1998)

Lassen Sie uns das Beispiel vom Wandern weiterspinnen: Obwohl vorher eine Terminvereinbarung getroffen wurde, taucht
B nicht auf. Als er konfrontiert wird, antwortet B: *"Ich habe
angenommen, dass wir bei Regen unmöglich zusammen wandern können!"*

Ebene 1: Perspektiven und Daten

Beziehen sich A und B auf die gleichen Daten? Kennen sie beide die Fakten, auf die sich der andere bei dem Satz "Es regnet"
bezieht? Oder würde B das sagen, wenn es bewölkt ist, während A das nur tun würde, wenn es stärker regnet?

Nehmen wir mal an, beide würden sich auf die Verwendung

des Satzes einigen, wenn es auch nur ein bisschen regnet.

Ebene 2: Bedeutungen und Informationen

Geben die Teilnehmer den vorhandenen Daten die gleiche Bedeutung? Teilen A und B die gleichen Dimensionen und Gewichtungen? Oder werten sie verschieden? " Auch wenig Regen kann zu Krankheiten und nicht akzeptablen Risiken für den Einzelnen und das Vorhaben führen" vs. "Regen schafft keine Risiken, sondern höchstens akzeptable individuelle Beschwerden".

Stufe 3: Schlussfolgerungen und Interdependenzen

Welche Schlussfolgerungen lassen sich aus dem Bezugsrahmen und den Wechselbeziehungen zwischen den verschiedenen Elementen ziehen? Teilen A und B die Vorstellungen davon, mit welchen Mitteln die gewünschten Wirklichkeiten geschaffen oder verändert werden können? Oder unterscheiden sie sich in Meinungen wie *"mit Regen zurecht zu kommen, ist eine Frage der Ausrüstung" oder "...eine Frage der persönlichen Fitness"*?

Ebene 4: Verantwortlichkeiten und Lösungen

Teilen die Teilnehmer Ideen darüber, welche Lösungen für offene Fragen akzeptabel sein könnten? Teilen A und B Vorstellungen über ihre Verantwortung für diese Lösungen?

"Jeder ist für seine eigene Fitness sowie das Mitbringen der Ausrüstung und die Folgen bei Schwierigkeiten selbst verantwortlich" vs. "Der Gruppenleiter ist für die Vorsorge vor möglichen Gefahren, die Überprüfung der Fitness und die Bereitstellung der Ausrüstung verantwortlich. Wenn er diese für nicht ausreichend hält, muss er Teilnehmer ablehnen."

In Fällen, in denen relativ zuverlässige Vereinbarungen auf der Ebene 4 (Lösungen und Verantwortlichkeiten) getroffen werden, wird die gemeinsame Wirklichkeit auf den anderen Ebenen meist unterstellt. Aber auch verborgene Wirklichkeitsverschiedenheiten auf den Ebenen 1-3 können jederzeit zu nicht komplementären Aktionen führen. Um gemeinsame Wirklichkeit zu gewährleisten und verborgene Uneinigkeiten aufzudecken, müssten alle Ebenen der Wirklichkeits-Begegnung überprüft werden. Oft eskalieren Konflikte auf Ebene 4, weil die Überprüfung aller anderen Ebenen der Konstruktion gemeinsamer Wirklichkeit vernachlässigt wurde. Eine schrittweise Klärung auf den anderen Ebenen kann dazu beitragen, das gegenseitige Verständnis zu verbessern und in der Folge die Konflikte zu deeskalieren.

Konfrontation

Meist assoziieren wir den Begriff "Konfrontation" mit Konflikt und Streit. Aus einer neutraleren Perspektive betrachtet bezieht sich der Begriff jedoch nur auf die Begegnung verschiedener Realitäten. Konfrontation auf der Grundlage gegenseitigen Respekts kann für die beteiligten Systeme von großem Vorteil sein, da sie konstruktiv mit Unterschieden umgehen und so zu gemeinsamen Wirklichkeiten und zum Aufbau von Gemeinschaft beitragen können. Aber auch "positive" Versuche scheitern häufig, weil die kommunikative Aufgabe unterschätzt wird und die Kultur der positiven Konfrontation nicht weit genug entwickelt ist. Der Zweck einer Konfrontation ist nicht unbedingt, identische Wirklichkeiten zu etablieren, sondern die Selbstreflexion, die Dynamik und Identität der beteiligten Systeme zu stärken: *"Die Begegnung mit dem Andersartigen kann deine Einzigartigkeit stärken."* (Rupert Lay).

Selbstverständlich können Begegnungen auch ohne solche

Modelle durchaus befriedigend sein. Kommt man nicht zusammen, kann es helfen, anhand solcher Beschreibungen über das Herstellen von gemeinsamer Wirklichkeit nachzudenken. Wenn einige schwierige Situationen in einem positiven Konfrontationsklima gelöst wurden, gibt es in der Regel positive Auswirkungen auf andere Bereiche. Da die Beteiligten dabei viel lernen, können sie dazu beitragen, diese Art von Bewusstsein zu verbreiten und anderen bei Klärungen von Kommunikation helfen.

1.5. Kommunikation als Dialog

Die von den Menschen geteilte Wirklichkeit beinhaltet viel mehr Aspekte als absichtlich berücksichtigt werden kann. Dies ist nicht nur eine Quelle von Missverständnissen, es reichert auch Wirklichkeiten um kreative und sinnvolle Dimensionen an. Um von solchem Reichtum profitieren zu können, ist es hilfreich, Kommunikation als "Dialog" zu verstehen. Dialog bedeutet "durch das Wort" oder allgemeiner "durch die Oberfläche". In der Kommunikation unter den Oberflächen werden viel mehr Aspekte von Wirklichkeit aneinandergekoppelt, als es uns bewusst ist.

Das folgende Dialogmodell der Kommunikation (Abb. 5) konzentriert sich auf das Verständnis und die gegenseitige Beeinflussung der Partner auf einer bewussten und einer unbewussten Ebene. Es basiert auf der Annahme, dass sich die Partner zunächst intuitiv gegenseitig "abtasten".

Daraufhin entscheiden sie, wie sie weiter miteinander umgehen.

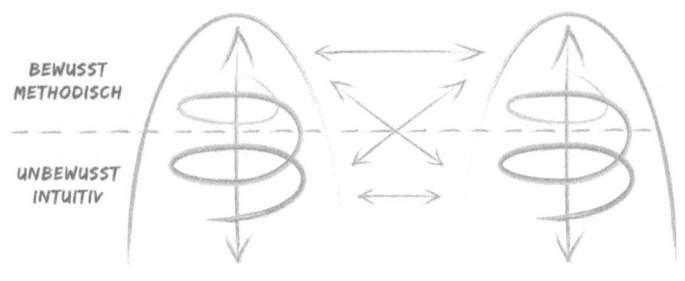

BEWUSST
METHODISCH

UNBEWUSST
INTUITIV

Abb. 5:   Dialogmodell der Kommunikation (Schmid 1998)

Die bewusste methodische Oberfläche ist der Teil der Kommunikation, den wir kontrollieren können. Sinnvolle und kreative Zusammenarbeit findet aber nur dann statt, wenn diese Oberfläche in Übereinstimmung mit dahinterliegenden Wirklichkeiten gebracht wird und diesen dient. Der bewusste methodische Modus hat eine Steuerungsfunktion im Sinne der Festlegung von Rahmenbedingungen für den Kommunikationsprozess. Aber gemeinsame Wirklichkeit in einem tieferen Sinne hängt von Begegnungen auf vielen Oberflächen und Hintergründen ab. Komplexere Aspekte von Wirklichkeit müssen erkannt, respektiert und gestaltet werden. Dazu braucht es eine Kommunikationskultur, die sensibel bereit ist, mit allem umzugehen, was unbewusste intuitive Sphären beitragen. Bedeutung wird meist auf intuitiven Ebenen erzeugt und zeigt sich eher als Gefühl denn als Gedanke oder Konzept (felt sense).

Geschulte intuitive Beurteilungen sind in beruflichen Beziehungen daher besonders wichtig, jedoch inspirieren und kontrollieren sich sowohl die methodische als auch die intuitive Ebene gegenseitig.

1.6.   Unterstützung von Dialogkultur

Komplexe Prozesse können nicht nur von der Oberfläche aus gesteuert werden, da dann wesentliche Teile unbeachtet bleiben würden. Daher sollte man, wenn man sich um Steuerung bemüht, eine Haltung wie die eines Ethnologen einnehmen. Das Gespräch darf zur Bühne werden, auf der auch unbewusste Kräfte gelebt, beobachtet und geformt werden können. Deshalb sollte ein Meta-Ziel von entwicklungsorientierter Kommunikation die Verbesserung einer Kommunikationskultur des Dialogs sein.

Wie können wir Kommunikation an der Oberfläche so verstehen und gestalten, dass dabei Bedeutungen und Energien aus den Hintergründen positiv einbezogen werden? Wie können wir Methoden erwerben, die intuitive Wahrnehmungs- und Kommunikationsebenen ansprechen und miteinander verbinden? Bewusste Methoden sollten sensibel sein und neue Oberflächenformen schaffen, um mit den Hintergründen in Verbindung zu bleiben, und dabei mehr als Kommunikations-Moderation oder -Supervision und weniger als Kontrolle fungieren. Mehr dazu in Kap. 10

2. Rollensysteme teilen

"All the world's a stage, and all the men and women merely players ... and one man in his time plays many parts"
– Shakespeare

2.1. Warum Rollen?

Jeder hat schon erlebt, dass Menschen in verschiedenen Momenten unterschiedlich sein können. Als Berufskollege kann jemand selbstbewusst und klar argumentieren, als Untergebener kann er als Heuchler oder Rebell auftreten, und als Begleiter bei einem privaten Treffen kann er einfühlsam und charmant sein. Offensichtlich organisieren Menschen sich selbst und ihre Beziehungen auf unterschiedliche Weise, entsprechend den jeweils dominierenden Wirklichkeiten. Mithilfe von Rollenkonzepten können wir solche Beobachtungen berücksichtigen.

Die verschiedenen Rollen, die im Leben eingenommen werden, machen die Persönlichkeit aus und entscheiden über Lebensentwicklung und Karriere. Professionelle Kommunikation in Organisationen kann wesentlich qualifizierter gestaltet werden, wenn die geeigneten Rollen aktiviert und ausgefüllt werden. Mit Rollen im Fokus können wir Menschen und ihre Kommunikation betrachten, Rollenkompetenzen entwickeln und Rollenbeziehungen organisieren. Im Rollenkonzept des isb werden Beziehungen von Rolle-zu-Rolle im Kontext und mit Bezug auf Inhalt betrachtet. Dieses Rollenkonzept integriert so die jeweils relevanten Dimensionen über psychologische Aspekte hinaus.

2.2.   Rollen - Bindeglied Person und Organisation

Wie man die Begegnung zwischen Menschen und deren Organisationen beschreibt, ist unvermeidbar eine Frage der Wahl.
Die Modelle, die wir für die Beschreibung gewählt haben, definieren die Merkmale und Arten von Beziehungen, die berücksichtigt werden sollen. Viele Ansätze unterscheiden zwischen
Persönlichkeit und Organisation, fassen aber beides und ihre
Beziehung zueinander nur vage. Im Unterschied dazu weisen
wir sowohl Personen in einem Unternehmen als auch Organi-
sationsstrukturen Organisations-Rollen zu (siehe. Abb. 6), und
diskutieren beide Aspekte mit einer Sprache. In der Begegnung
von Individuum und Organisation ist es allerdings nicht möglich, sich auf die Gesamtheit beider zu beziehen. Die Fragen
stellen sich: Wie viel Individuum? Wie viel Organisation?
Organisations-Rollen funktionieren als Bindeglied überall dort,
wo sie positiv mit den Hintergründen der Individuen wie auch
der Organisation abgestimmt sind. Das Klären von Rollen und
das Ausbalancieren aus Sicht des Individuums und der Organisation verbinden Persönlichkeits-Entwicklungen und Organisationsentwicklung.

Abb. 6:   Organisations-Rollen – Begegnung Mensch-Organisation
(Schmid 2017)

2.3.   Was sind Rollen?

Wie viele Komponenten der Theatermetapher wird der Begriff "Rolle" als etwas Bekanntes erlebt und ist leicht zu verstehen, ohne definiert zu werden.

Betrachten wir dennoch eine Definition:

Eine Rolle ist ein kohärentes System von Einstellungen, Gefühlen, Verhaltensweisen, von Perspektiven auf Wirklichkeit und auf die Beziehungen, in denen sie gelebt werden.

Hier ist per Definition jede Rolle mit einem bestimmten Wirklichkeitsbereich und Bezugsrahmen verknüpft und erstreckt sich auf die Beziehungen, in denen diese Rolle gelebt wird. Meist werden Rollen wenig so reflektiert gelebt. Sie legen eher nahe... oder laden ein zu... ohne dass reflektiert wird, welche Wirklichkeiten damit hervorgerufen und welche Art von Beziehungen nahelegt und geformt werden.

Illustration:

Um die Vielfalt als auch die Bedeutung von Rollen nachvollziehbar zu machen, nehmen wir folgendes Beispiel: Man stelle sich einen Verkehrsunfall vor, an dem die Unfallbeteiligten, deren Nachbarn, der Einsatzleiter der Feuerwehr, der Krankenwagen, die für die Sicherung der Unfallstelle und alle zukünftigen Beweise zuständige Polizei und ein zufällig vorbeikommender Kollege zu Gange sind. Man kann sich viele andere Rollen vorstellen, die je nach Ereignis - die eigenen Einstellungen, Gefühle und Verhaltensweisen der Rollenspieler und ihre eigenen Perspektiven auf die Realität aktivieren. Alle Rollen beziehen sich auf bestimmte Aspekte der Realität und induzieren Vorstellungen davon, wie die Beziehungen zu anderen Menschen am Unfallort zu gestalten sind.

Wenn der Einsatzleiter der Feuerwehr zufällig ein persönlicher Freund eines der Schwerverletzten und vielleicht Pate des anwesenden, aber unverletzten Sohnes dieser Person ist, können wir uns vorstellen, dass mehrere Rollen gleichzeitig aktiviert werden und in einer solchen Situation ausbalanciert werden müssen.

2.4. Rollen und drei Welten

Im isb-Rollenmodell wird Persönlichkeit als das Portfolio der unterschiedlichen Rollen beschrieben, die auf den Bühnen ihrer Welt gespielt werden.

Für das Drei-Welten-Modell wurden drei Welten, in denen solche Rollen operieren, ausgewählt: Privatwelt, Organisationswelt und Professionswelt. Jede Rolle steht für andere Herausforderungen, je nachdem, ob eine Organisations-Rolle (z.b. Frauenbeauftragte), eine berufliche Rolle (z.b. Sozialarbeiterin) oder eine private Rolle (z.b. Mutter) von zentraler Bedeutung ist.

Abb. 7 zeigt Persönlichkeit als Portfolio von Rollen in diesen drei Welten und unterscheidet das Rollenrepertoire in Organisationsrollen, Professionsrollen und Privatrollen. Das daraus abgeleitete Leiter-Modell eignet sich, wie unten dargestellt, für die Analyse von Rollen-Beziehungen und Kommunikation.

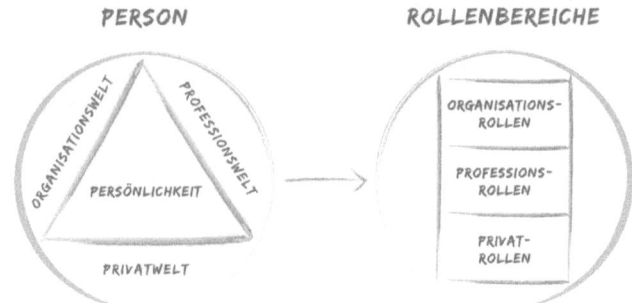

Abb. 7: Drei-Welten-Modell der Persönlichkeit und "Leiter-Modell der Rollen" (Schmid 1994)

Diskussion:

Reduziert das Rollen-Modell Menschen auf "Rollen spielen" anstatt auf „Rollen ernst nehmen oder leben"?? Nein, denn in diesem Modell gibt es keinen Unterschied zwischen Menschen und ihren Rollen, denn Persönlichkeit wurde ja definiert als ein Bündel von Rollen. Aus pragmatischen Gründen impliziert das Modell, dass Menschen ihre Menschlichkeit ausschließlich in ihren Rollen erleben und ausdrücken, so wie in der Theaterme-tapher (Kap. 10.9) das Leben als Serie von Szenen konzipiert wird. Die Einzigartigkeit und Menschlichkeit des Einzelnen drücken sich in der Art und Weise aus, wie er seine Rolle spielt. Jeder Mensch ist so auf einzigartige Weise mit Inszenierungen und Bühnen seiner Welten verbunden. Die dort gelebten Rollen werden von ihm und anderen mitbestimmt. Persönlichkeit und Kommunikation werden daher immer auch als eine Frage des Kontextes und der Inhalte, also mit gesellschaftlichem Bezug betrachtet.

2.5. Persönlichkeit

Da wir das Rollenmodell für Persönlichkeitsdiskussion verwenden, passt es zu vielen Überlegungen und Ansätzen der Transaktionsanalyse (TA).

Hier sind einige Beispiele für Konzepte de TA mit Organisationsfeld-geeigneten Benennungen:

Unter der Überschrift **Rollen-Integration** und **Umgang mit Ressourcen** können Fragen zur Autonomie und Funktionsweise von Einzelnen und Teams diskutiert werden. Heutzutage werden Professionelle in einer immer größer werdenden Vielfalt von Rollen beansprucht und müssen verschiedene Zugehörigkeiten zu verschiedenen Systemen und deren Bezugsrahmen zusammenbringen. Daher ist es unwahrscheinlich, dass sie sich mit nur einer Rolle oder mit einem kleinen, überschaubaren Bündel von Rollen identifizieren können. Vielmehr muss eine autonome, professionelle Haltung bei der Auswahl und Gestaltung von Rollen sowie bei der Entscheidung über und Kontrolle von Zugehörigkeiten entwickelt werden. Das eigene Netzwerk der verschiedenen Rollen und Bezüge zusammenzustellen, ist schon an sich eine Herausforderung. Wir sind aber auch immer wieder mit Konflikten zwischen verschiedenen Zugehörigkeiten und Rollen konfrontiert. Verfügbare Ressourcen wollen und müssen sorgfältig bewirtschaftet werden, einschließlich der Energie- und Zeitressourcen. In der modernen Geschäftswelt sind viele Professionelle und Teams von den hohen Anforderungen an sie überfordert, wenn sie es nicht schaffen, die Komplexität durch eigene Identität zu kontrollieren und Rollen kongruent zu tragfähigen Strukturen zu bündeln.

Neben eigenen Rollenvorstellungen gibt es außerdem Erwartungen und Urteile anderer darüber, wie Rollen gespielt werden sollen. Denn Rollen können gut nur im Zusammenspiel mit anderen und mit Verständnis deren Rollen anderer und des aufzuführenden Stücks gespielt werden.

Rollenkompetenz bedeutet, das kohärente System von Einstellungen, Gefühlen, Verhalten, Wirklichkeitsperspektive und der mit der Rolle verbundenen Beziehungen zu steuern. Dazu gehört ein Verständnis vom und die Abstimmung im beabsichtigten Spiel. Viele Persönlichkeitsprobleme ergeben sich, wenn die Notwendigkeit, Rollenspielfähigkeiten zu erwerben, entweder nicht erkannt oder nicht ernst genommen wird oder nur unzureichende Schritte unternommen werden, um sie zu erwerben.

Schlagworte wie **die „Aktivierung von Rollen", „führende Rollen" und „Regiemacht"** können hier nur kurz erwähnt werden.

Professionalität hat viel mit der Fähigkeit zu tun, bestimmte Rollen bewusst zu aktivieren und zu deaktivieren. Dies hat viel der Strukturierung von Situationen aber auch mit der Steuerung des eigenen Erlebens einerseits zu tun und andererseits mit der Kompetenz, Rollen gezielt bei anderen zu aktivieren. Ebenso wichtig ist es, sich für eigene Rollen entscheiden und diese durchhalten zu können. Hier geht es auch um Steuerung des eigenen Rollensystems. Welche der eigenen Rollen steuert den Prozess und den Switch zwischen verschiedenen Rollen? Welche Rolle ist dabei führend und orchestriert andere Rollen?

Persönlichkeitseinschränkungen werden als Begrenzungen im Rollenmanagement diskutiert, z.B. Rollenfixierung, Rollenausschluss, Rollentrübung, Rollenverwirrung und rigide Rollengewohnheiten. Diese Begriffe sind irgendwie selbsterklärend und werden an anderer Stelle diskutiert. Viele Überlegungen aus dem Konzept der Ich-Zustände aus der Transaktionsanalyse können hier einfach angewendet und auf Rollen erweitert werden.

Zur Veranschaulichung beziehe ich mich auf die **Rollenkontamination** als eine chronische Einbeziehung von störenden Elementen anderer Rollen in eine derzeit gespielte Rolle, ohne dass es der Person bewusst wäre. Auch wenn die aus anderen Rollen aufgenommenen Elemente von der Person selbst als angemessen wahrgenommen werden, sind die Kommunikationspartner irritiert. So können beispielsweise Tarifverhandlungen zu Irritationen führen, wenn sich ein Verhandlungspartner spürbar an eigenen Lohninteressen orientiert. Gefühle als Betroffener werden dabei mit zur Verhandler-Rolle passenden Gefühlen verwechselt. In einem anderen Beispiel kann sich jemand in einer privaten Beziehung so verhalten, wie er das als Paartherapeut tun würde und dies nicht als der privaten Rollenbeziehungen fremd identifizieren können. Man nennt das dann professionelle Deformation.

2.6. Kommunikation und Beziehungen

Mit dem isb-Rollen-Modell kann auch Kommunikation beschrieben werden. Das Leitermodell dient zur Veranschaulichung der Interaktion in einem Diagramm. In Abb. 8 werden Rollenbereiche entsprechend dem Drei-Welten-Model unterschieden. Werden mehr Rollenbereiche und Rollen benötigt, können weitere Differenzierungen vorgenommen werden. Die durch Pfeile dargestellten Kommunikationseinheiten werden als Transaktionen bezeichnet. Bei der Verwendung eines solchen Diagramms muss geklärt werden, von welchen Rollen die Transaktion ausgehen, welche Rolle angesprochen werden und welche Rollen antworten sollen. Die Sicherung der „richtigen Kanäle" kann für das Kommunikationsergebnis entscheidend sein.

Es gibt Transaktionen, die als offen im Vordergrund (durchgezogene Pfeile) und Transaktionen, die als verborgen im Hintergrund (gestrichelte Pfeile) angesehen werden. So werden Botschaften auf der Vorderbühne von solchen auf der Hinterbühne unterschieden. Die Nummerierung in Abb. 8 bezieht sich auf das Beispiel unten.

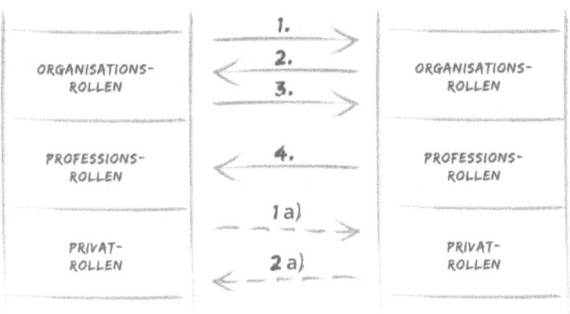

Abb.8   Analyse von Kommunikation mit dem Rollen-Leiter-Modell
(Schmid 1994)

Betrachten wir ein Beispiel:

Stellen Sie sich eine Strategiediskussion zwischen dem Leiter einer Personalabteilung und seinem Team vor, mit der Agenda „Prioritäten setzen".

Die Diskussion findet zunächst auf der Ebene der Organisationsrollen statt. Vorschläge können entsprechend der Unternehmenskultur eingebracht werden, aber die endgültige Entscheidung liegt beim Leiter der Personalabteilung (Transaktion 1./2.). Nach einiger Zeit, unbemerkt von den Teilnehmern, findet ein Wechsel zu einem fachlichen Streitgespräch (Transaktion 3./4.) statt. Da bei einem solchen normalerweise von

Gleichberechtigung der Meinungen ausgegangen wird, kann der Entscheidungsvorbehalt nun als ungerechtfertigte Dominanz erlebt werden.

Im Hintergrund (gestrichelte Pfeile) könnte zudem die unterschwellige Rivalität um eine Frau stören. Ein psychologischer Ansatz könnte nahelegen, die Aufmerksamkeit auf diesen Hintergrund zu lenken, um damit eine solche Störung zu beseitigen. Ein organisationsbezogener Ansatz würde die Aufmerksamkeit jedoch eher auf den Wechsel zwischen den Rollen und Rollenbeziehungen lenken. Die Wiederherstellung einer stabilen Kommunikation innerhalb der Organisations-Rollen-Beziehung, in denen letztlich als selbstverständlich angenommen wird, dass die höhere Hierarchieebene entscheidet, kann das Problem lösen. Die psychologische Sicht auf private Rollen und Welten bietet möglicherweise eine unpassende Hintergrundbetrachtung.

Hier ist ein Beispiel, bei dem Störungen aus einem Organisations-Hintergrund übersehen werden: Zwei Mitglieder einer Abteilung - der Kommunikationstrainer und der Schulungsadministrator - erleben wiederkehrende Konflikte. Sie könnten denken, dass sie Probleme haben, als Fachleute zusammenzuarbeiten oder privat zu harmonieren, weil die Probleme nicht nachhaltig beseitigt werden können. Sie könnten jedoch übersehen, dass die Schwierigkeiten in ihrer Beziehung noch mehr durch den Hintergrund der Organisationsstruktur wie z.B. durch unvereinbare, doppelt definierte Verantwortungsbereiche oder nicht kompatible Zielsetzungen verursacht werden.

Die Betonung von Organisationsrollen kann Beziehungsgestaltung erleichtern und professionelle wie private Differenzen aus dem Hintergrund in Schach halten, indem sie den Fokus auf die relevante Ebene der Abstimmung lenkt und weniger Relevantes in den Hintergrund treten lässt. Mit dem obigen Diagramm dargestellt würden die gestrichelten Pfeile für verborgene Transaktionen aufgrund von Organisationsrollen in diesem bestimmten Unternehmen stehen.

Um eine Situation in diesem Fall zu klären, ist es wichtig, die Hintergrundbeziehung zwischen den Organisationsrollen in den Vordergrund und ins Zentrum der Aufmerksamkeit zu rücken.

Andernfalls kann Eskalation neurotische Reaktionen hervorrufen und unnötige psychotherapeutische Arbeit erfordern. Wenn Eskalation auf der Ebene der Organisation aufgelöst wird, können Menschen bewusst zu kompetentem Verhalten und guten Beziehungen zurückkehren, da das Unternehmen funktionaler und gesünder geworden ist.

3. Gemeinsame Verantwortung

3.1. Was ist Verantwortung?

Organisationen können dadurch charakterisiert werden, dass sie für Leistung und Entwicklung verantwortlich sind. Dies kann nur dann erreicht werden, wenn eine Anzahl von Akteuren verantwortungsbewusst handelt, sowohl einzeln als auch zusammen mit anderen. Eine Organisation kann insofern als ein Verantwortungssystem beschrieben werden (siehe auch Kap. 5.1). Individuelle und gemeinsame Verantwortung zu klären, sowie mit anderen im Dialog über Verantwortlichkeiten zu sein, sind ein wichtiger Schlüssel zu Leistung und Zufriedenheit im Unternehmen. Auch deshalb macht es Sinn, die Kultur eines Unternehmens mithilfe von Verantwortung zu beschreiben.

Im Englischen leitet sich "responsible" von "response-able" ab, "Responsibility" bedeutet im wörtlichen Sinne "Antwort-Fähigkeit". Damit kann die Fähigkeit einer Person, eines Teams oder einer Organisation als Ganzes beschrieben werden. Dabei ist die Verpflichtung zur Antwort nur ein Teil von „Antwort-Fähigkeit". In der Regel werden auch Unterstützung von anderen und Ressourcen benötig, um Antwort geben zu können. Darüber hinaus wird Verantwortung nicht ohne Motivation und Kompetenz von Individuen und Systemen funktionieren. Das untenstehende Modell (Abb. 9) kann helfen, Interventionsbereiche zu identifizieren, in denen gemeinsame Verantwortung in einer Organisation gefördert werden kann.

3.2. Vier Dimensionen von Verantwortung

PERSON | ORGANISATION

... WOLLEN
(WERTE)

... DÜRFEN
(AUSSTATTUNG)

VERANTWORTEN
HEIßT:
ANTWORTEN
GEBEN

... KÖNNEN
(QUALIFIKATION)

... MÜSSEN
(ZUSTÄNDIGKEIT)

Abb. 9 Vier Dimensionen von Verantwortung (Schmid/Messmer 2004)

Die vier Dimensionen von Verantwortung gehen Hand in Hand: Werte, Qualifikation, Ressourcen und Zuständigkeit:

Die Menschen sollten bereit sein, erforderliche Antworten zu geben, weil es ihren Werten und Absichten entspricht. (Werte)

Die Menschen sollten in der Lage sein, Antworten zu geben, weil es ihren Qualifikationen entspricht. (Qualifikation)

Die Organisation sollte die notwendigen Ressourcen wie Anspruch, Ausrüstung, Geld usw. bereitstellen. (Ressourcen)

Die Organisation sollte dazu verpflichten, Antworten zu geben und Konsequenzen ziehen, wenn sie nicht gegeben werden (Zuständigkeit).

Besonders engagierte Menschen versuchen oft, Antworten zu geben, ohne dass hinreichende Bedingungen erfüllt sind. Dies liegt oft an Verwirrung bezüglich der Dimensionen oder darüber, wer was zur Gesamtverantwortung beitragen muss. Ob Verantwortung in ausgewogener Weise erhöht werden kann, hängt davon ab, ob die „fehlenden Zutaten" richtig identifiziert werden.

Zwei Beispiele hierzu: Wenn eine adäquate Antwort fehlschlägt, werden Mitarbeiter manchmal zu mehr Schulungen geschickt, weil man glaubt, dass dies auf einen Mangel an Qualifikation zurückzuführen ist. Man ist sich möglicherweise nicht bewusst, dass bei angemessener Ausrüstung ihre Qualifikation ausreichend wäre. Stattdessen neigt man dazu, unzureichende Ausstattung durch Zusatzqualifikation zu kompensieren. Oder: Erwartete Antworten scheitern, obwohl sowohl Ressourcen als auch Qualifikation ausreichend sind. Woran es aber wirklich fehlt, ist die Motivation der handelnden Menschen, da zum Beispiel die erwartete Antwort nicht zu ihren Werten passt.

3.3. Verantwortung für das Ganze?

Verantwortung beschränkt sich nicht nur auf das, wofür eine Person direkt verantwortlich gemacht werden kann. Verantwortung bezieht sich auf das gesamte System und ist entsprechend komplementär zu verstehen und zu gestalten. Irgendwie ist jedes Mitglied einer Organisation auch für das gesamte Verantwortungssystem verantwortlich. Es reicht also nicht aus, Verantwortung so zu definieren, dass sie nur dem entspricht, wofür ein Individuum direkt verantwortlich gemacht werden kann.

Wir unterscheiden daher zwischen (siehe Abb. 10):

1. Verantwortung für... (z.B. eine bestimmte Funktion mit entsprechenden Aufgaben und Leistungen). Diese Verantwortung beinhaltet implizit eine formelle Verpflichtung, die bei Vernachlässigung Rechtsfolgen haben kann.

2. Verantwortung in Bezug auf... ein spezifisches Zusammenwirken mit anderen, z.B. (internen und externen) "Kunden" und "Lieferanten" in Wertsteigerungs- und Führungsprozessen. "Verantwortung in Bezug auf" erfordert auch die Entwicklung und Aufrechterhaltung einer entsprechenden Organisationsethik sowie das persönliche Engagement bei der Integration einzelner Maßnahmen in das Gesamtsystem.

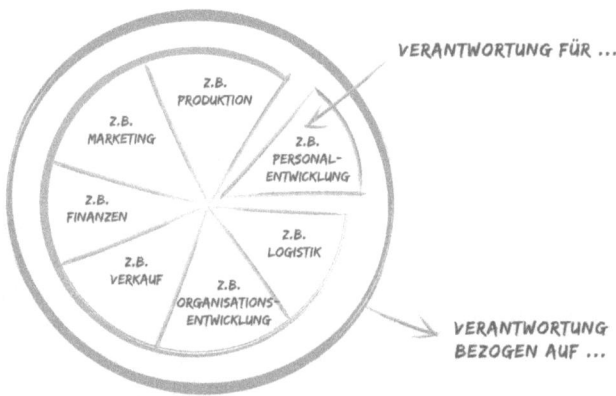

Abb. 10: Komplementäre Verantwortung in Organisationen (Schmid/Messmer 2004)

3.4.　Verantwortungsdialoge

Gemeinsame Verantwortung in Organisationen ist keine "na-
türliche" Gegebenheit, sondern eine explizit oder implizit geschaffene Wirklichkeit. Aufgrund von Veränderungen in der
Organisation muss das Verantwortungssystem in der Regel von
Zeit zu Zeit überarbeitet und weiterentwickelt werden, insbesondere wenn neue Fragen neue Antworten erfordern. Auch
wenn das Verantwortungssystem noch funktionsfähig ist, sollten die Mitglieder der Organisation immer wieder in einen
aktiven, offenen Dialog darüber treten, um die Kultur für alle,
insbesondere für neu Hinzukommende, lebendig zu erhalten.
Solche Anpassungen gehören in vielen Bereichen zum Alltag.

Fragen für Verantwortungsdialoge:

1. Welche Antworten auf bekannte und noch gültige Fragen
    sind nicht mehr zufriedenstellend?

2. Gibt es neue Fragen, die neue Antworten erfordern?

3. Von wem wird erwartet, dass er welche Art von Antwor-
    ten gibt?

4. Stehen alle vier Dimensionen der Verantwortung jedem
    zur Verfügung?

5. Fehlen Verantwortungsdimensionen oder sind sie dauer-
    haft schwach?

6. Gibt es andere Dimensionen, die überbeansprucht wer-
    den, um dies auszugleichen?

3.5.　Verantwortung vermeiden

Wenn die Klärung von Verantwortung im Dialog zufriedenstel-
lende Lösungen hervorbringt, ist kein weiterer Aufwand erforderlich. Aber oft können oder müssen dabei erkennbare Einstellungen und Verhaltensweisen als Vermeidung von Verantwortung charakterisiert werden. Dies kann daran liegen, dass
Verantwortung nicht ausreichend festgelegt werden konnte,
verblasst ist oder auf solche verlagert wurde, die sie nicht
übernehmen können oder dafür unangemessene Anstrengungen auf sich nehmen müssen. Fehlende Verantwortung verursacht Unbehagen. Auch solches Unbehagen wird oft auf solche
verlagert, die nicht die Verantwortung dafür tragen. Erlebtes
Unbehagen kann darauf hindeuten, dass irgendwo Verantwortung vermieden wird.

Wenn jemand versucht, einen Dialog über Verantwortung zu
beginnen, erlebt er oft Vermeiden, Blockieren oder irreführen-
de Reaktionen, anstatt dass sein Interesse an Klärung unterstützt wird. Dies kann verschiedene Gründe haben, die zu
erfahren immer interessant wäre. Aber die Kommunikation
über Gründe ist selten möglich und der Versuch, darüber zu
sprechen, könnte die Dinge unnötig verschärfen. Wichtiger ist,
dass diejenigen, die Unbehagen erleben, Ursachen identifizieren und lernen, Unbehagen in kompetente Aufforderungen zu
verantwortungsvollem Verhalten umzuwandeln.

Es ist also wichtig, andere aktiv und gezielt in Verantwortung
einzuladen. Dieses Einladen ist in der Regel nur durch Kommunikation möglich. Dabei kann es zu einer Vielzahl von Fehlern
kommen. Emotional involvierte Menschen können unangemessene Kommunikationskanäle nutzen oder eher Reaktionen
auf ihren Stil hervorrufen anstatt auf ihre Vorstellungen zu
Verantwortung.

Aber auch exzellent gestaltete Einladungen können erfolglos bleiben, wenn die andere Seite sich entziehen kann. Ohne eigene Macht haben Menschen nur dann Einflussmöglichkeiten auf die andere Seite, wenn die Einladung freiwillig angenommen wird. Wer Macht hat, Einladungen ohne Konsequenzen zu ignorieren, kann diese Macht missbrauchen.

Oftmals wissen auch erfahrene Professionelle nicht, wie sie Unbehagen auf das Vermeiden oder Verschieben von Verantwortung zurückführen können. Oder sie wissen nicht, wie man andere bezüglich fehlender Verantwortung angemessen konfrontiert. Explizite Konfrontation mit kompetenten Einladungen in Verantwortung macht es Verantwortungs-Vermeidern weniger einfach. Für weitere Erklärungen und Beispiele siehe das Vertiefungsmaterial.

Merkmale dysfunktional-symbiotischer Beziehungen:

1. keine Verantwortung wird übernommen,

2. Verantwortung wird verlagert,

3. Unbehagen über fehlende Verantwortung wird verlagert,

4. Konfrontationen über Unbehagen oder Verantwortung werden blockiert oder irregeführt und

5. Optionen und Potenziale zur Verbesserung der Verantwortung werden somit nicht genutzt oder nicht entwickelt.

3.6. Verantwortung einfordern

Am isb wird Einladung in Verantwortung in der Weiterbildung gelernt.

Oft wird damit begonnen, ein Bewusstsein für Unbehagen zu schaffen. Mitgeteiltes Unbehagen kann der erste Schritt zu einem Verantwortungsdialog sein. Um über das bloße Sich-Beschweren hinauszugehen, empfehlen wir, eine Analyse mit Diagnosefragen zu Verantwortung zu starten.

Diagnose-Fragen zu Verantwortung:

1. Empfinde ich Unbehagen?

2. Ist das Unbehagen wahrscheinlich auf fehlende Verantwortung zurückzuführen?

3. Wen halte ich in diesem Zusammenhang für wichtig?

4. Was sind die relevanten Fragen?

5. Wer sollte Antworten geben?

6. Können die vier Dimensionen der Verantwortung (siehe oben) zur Differenzierung beitragen?

7. Gibt es jemanden, der es vermeidet, Fragen zu akzeptieren und Antworten zu geben?

8. Wie und durch welchen Mechanismus findet eine Verschiebung der Verantwortung und/oder des Unbehagens statt?

9. Welche Gründe gibt es dafür? Wer kann Einfluss nehmen?

10. Was müsste geändert werden, um die Klärung und die Wahrnehmung der Verantwortung zu verbessern?

11. Wessen Unbehagen wird dann gemildert? Würde dies zu neuem Unbehagen oder neuen Fragen an anderen Stellen in der Organisation führen?

12. Wie sollte das gemeinsame Lernen zum Verantwortungs-system weiterentwickelt werden?

Vermeidungs- und Verantwortungs-Analyse werden Schritt für Schritt trainiert. Darüber hinaus werden Vorgehen geübt, wie Konfrontation und Einladung kraftvoll kommuniziert werden können.

Doch bleibt, dass, wenn Menschen sich ohne Konsequenzen der Kommunikation entziehen oder weiterhin Verantwortung vermeiden, das Problem nicht allein durch Kommunikation gelöst werden kann. Was sind dann die Optionen?

4. Gemeinsame Führung

Führung spielt beim Betreiben und Entwickeln eines Unternehmens eine entscheidende Rolle. Führung kann die Effektivität und Orientierung innerhalb der Organisation fördern. Das macht Führung zu einem der ältesten Organisations-Mechanismen in der Evolution. Auch heute noch hat Führung überragende Bedeutung, muss aber in mancher Hinsicht neu gefasst werden. Neuere Ansätze betonen Selbstorganisationsprozesse oder ersetzen sogar die Hierarchie vollständig. Für die meisten Menschen, die für die Führung einer effektiven Organisation verantwortlich sind, ist es jedoch offensichtlich, dass hierarchische Führung nicht ersetzt werden, sondern mit der Selbstorganisation von Menschen und neuen Prozessen kombiniert werden sollte. Freiheit, Kreativität und Selbstorganisation sind kostbar, müssen aber auf den Kontext, auf den Zweck der Organisation und auf die Unternehmenskultur, für die das Unternehmen steht, ausgerichtet werden. Einen solchen Rahmen zu gestalten und eine angemessene Kultur dafür aufzubauen, ist die wesentliche Aufgabe von Führung.

Dabei reicht es jedoch nicht aus, Führung als ein individuelles Verhalten zu betrachten. Eine Führungskultur, in der zum Wohl des Unternehmens viele Akteure aktiv in Führungs-Beziehungen mitwirken können, ist notwendig. In diesem Kapitel werden wir verschiedene Aspekte von Führung aus einer systemischen Perspektive betrachten.

4.1. Was ist Führung?

Führung ist eine Frage von Beziehungen. Jemanden zu führen bedeutet, ihn erfolgreich einzuladen, innerhalb eines bestimmten Rahmens zu agieren oder bei der Erstellung eines neuen

Rahmens zu helfen. Das ist das isb-Verständnis von Führung. Wenn Führung analysiert oder trainiert wird, sollte die kleinste Einheit die Führungsbeziehung sein, denn Führung ist eine Interaktion zwischen denen, die daran beteiligt sind. Dabei ist Führungskompetenz, wenn auch unterschiedlich, von allen Beteiligten gefragt. Führung kann immer nur so gut sein, wie es die Führungsbeziehung zulässt. Die Führungskraft muss verstehen, dass es da eine gegenseitige Abhängigkeit gibt und insofern eine bescheidene Haltung gegenüber allen Partnern in dieser Beziehung einnehmen.

Um dies zu veranschaulichen, soll hier die Geschichte einer ersten Lektion im Hindernisspringen auf dem Reitplatz erzählt werden:

Ich war bereits ein recht guter Reiter und in guter Abstimmung mit meinem Pferd "Abruzze". Eines Tages stellte mein Reitlehrer ein 35 cm hohes Hindernis in die Mitte des Reitplatzes und wies mich an, mit Abruzze darüber springen. Ich wusste nicht, dass Springen kein natürliches Verhalten von Pferden ist und Abruzze so wenig im Springen ausgebildet war wie ich. Mein Lehrer (ein ehemaliger Militärkavallerist) forderte mich auf, Richtung Hindernis zu galoppieren und mich ein wenig nach vorne zu beugen, um den Sprung für Abruzze zu erleichtern. Das tat ich. Kurz vor dem Hindernis stieß Abruzze ihre Beine in den Kies und beugte ihren Kopf nach unten. Der Einzige, der am Ende das Hindernis überwunden hatte, war ich als fliegender Reiter, der unbequem im Matsch gelandet war. Das nächste Mal beugte ich mich nach hinten und schaffte es, auf Abruzze zu bleiben als Abruzze wieder abbremste. Dann sprang sie doch. Und da sie unerfahren war, machte sie einen riesigen Satz, der mich wieder in den Matsch katapultierte, eine Erfahrung, die ich fast ein Dutzend Mal in dieser Reitstunde wiederholte. Ein erfahrener Reiter, der mein unglückliches Training beobachtet hatte, bot mir an, es mal mit seinem im Springen bestens ausgebildeten Pferd zu probieren. Mit diesem Pferd lernte ich sehr schnell. Ich musste mich nur mit dem Können des Pferdes abstimmen. Doch zerfiel meine Kompetenz sofort nach der Rückkehr auf Abruzze. Da wurde mir klar, dass es eben eine ganz andere Herausforderung ist, ein untrainiertes Pferd ans Springen zu bringen.

4.2. Führungskommunikation

Führungskommunikation beschränkt sich nicht darauf, Botschaften darüber zu vermitteln, wie Dinge gesehen oder getan werden sollten. Führung bedeutet immer auch Interaktion und Zusammenarbeit. Um dies zu erreichen, muss das Spezifische von Funktion und Kommunikation der Führungsbegegnung verstanden werden.

Da Aufgaben, Menschen und Umstände unterschiedlich sind, gibt es nicht die „richtige Führung". Es gibt nur „funktionierende Führung", und es gibt viele Stile, in denen Führung gestaltet kann. Welcher Stil funktioniert, hängt vom Kontext und der Abstimmung zwischen den beteiligten Personen ab. Führung wird selbsterhaltend, wenn sich alle Beteiligten in Bezug auf die Absicht und den Führungsstil positiv organisieren. Deshalb ist es von geringem Wert, Führungsverhalten als persönliche Eigenschaft zu definieren und Trainingsprogramme durchzuführen, die lediglich "lehren", wie man führen sollte. Stattdessen sollten konkrete Führungsbeziehungen und Interaktionsstile innerhalb deren Begegnungen im Mittelpunkt stehen. Als Grundlage dafür können die oben beschriebenen Kommunikationsmodelle dienen. (siehe Kap. 1.3/1.5)

4.3. Führungsnetzwerk

Der Taylorismus ermöglicht es, komplexe Prozesse durch Fragmentierung und Aufteilung in Rollen effektiv zu steuern. Aber das führt auch dazu, dass in komplexen Prozessen niemand allein Ergebnisse erzielen kann. Stattdessen ist jeder auf den anderen angewiesen. Leistung und Kulturbeiträge können nur gemeinsam erbracht werden. Dies gilt auch für Führung, insbesondere für strategische Führung. Impulse für strategische Entwicklungen müssen durch verschiedene Ketten von Führungsbeziehungen gehen, um in einem Unternehmen realisiert zu werden. Hierarchische Führung wird dabei zunehmend als nur einer der Beiträge zu einem weitergefassten und komplexeren Führungssystem angesehen.

Jede Kette ist nur so stark wie ihr schwächstes Glied. Damit strategische Vorhaben funktionieren, muss allen Teilen der Führungskette Aufmerksamkeit geschenkt werden, vorzugsweise müssen die schwächsten Teile gestärkt werden. Je mehr sich die Führungsbeziehungen und ihre Stile in verschiedenen Bereichen eines Unternehmens unterscheiden, desto größer ist die Herausforderung, sie zusammenzuhalten. Je weniger gut ein Geschäftsfeld funktioniert, desto größer ist der Bedarf an Aufmerksamkeit bei der Führungskräfteentwicklung, auch wenn dies auf den ersten Blick vielleicht nicht lohnend erscheint. Dabei muss Führungsverantwortung in Bezug auf die gesamte Kette oder das gesamte Netzwerk definiert werden.

4.4. Führung versus Management

Führung, so wie sie normalerweise verstanden wird, beinhaltet zwei Dimensionen der Gestaltung von Wirklichkeit: zum einen, Strukturen und Prozesse zu designen, zum anderen, Kommunikation und Beziehung mit den Beteiligten zu gestalten.

Wir definieren die Designfunktion als Management und die Kommunikationsfunktion als Führung.

Die Theatermetapher (Kap. 10.9) kann helfen, diese Unterscheidung zu verdeutlichen. Wenn Sie im Theater ein neues Stück inszenieren wollen, benötigen Sie in der Regel ein Drehbuch für die gewünschte Aufführung. Basierend auf der Idee, was aufgeführt werden soll, - dem sogenannten Plot - muss jemand Szenen entwerfen, mit denen die Geschichte in Handlungsabläufe überführt wird. Das Drehbuch definiert die Ereignisse und die Art und Weise, wie die Geschichte erzählt wird, sowie von wem und wie alles umgesetzt werden soll. Der Drehbuchautor braucht dafür vor allem Vorstellungsvermögen und Designkompetenz.

Außerdem braucht man einen Regisseur, d.h. jemanden, der die Akteure Schritt für Schritt einbezieht und instruiert, damit sie sowohl ihre Rollen als auch ihre Interaktion in den Szenen, durch die die Geschichte erzählt werden soll, verstehen. Ein Regisseur braucht dafür vor allem Kommunikationskompetenz, ein Gespür für Akteure und dafür,   wie er mit den Akteuren bei der Entwicklung der Szenen interagieren kann.

In der Regel haben Führungskräfte entweder mehr Talent als Designer oder als Kommunikatoren. Einige konzentrieren sich mehr auf die Magie eines guten Drehbuchs, andere auf die Magie guter Beziehungen und Kommunikation beim Einstudieren. Auch wenn Designkompetenz und Kommunikationskompetenz nicht hinreichend innerhalb derselben Person vorhanden sind, müssen doch beide Funktionen irgendwie zusammenarbeiten. Dafür gibt es eine Vielzahl von Ansätzen und Stilen, insbesondere für Neuinszenierungen. Ist der Spielleiter überwiegend ein Designer, braucht er Kommunikatoren an seiner Seite, die helfen, das Drehbuch in die gemeinsame Realität der Spieler zu verwandeln. Ist der Spielleiter mehr auf

Beziehungen und Kommunikation ausgerichtet, braucht er Designerqualitäten als Ergänzung, um sicherzustellen, dass das Spiel tatsächlich die beabsichtigte Geschichte erzählt. Dabei müssen nicht zwei offizielle Rollen wie Drehbuchautor und Regisseur, bzw. Manager und Führungskraft installiert werden, aber die benötigten Bestandteile und Qualitäten sollten vorhanden sein.

Wird dies nicht geklärt und das Vorhandensein von Talenten und Kräften einfach unterstellt, können schwierige Prozesse im Umgang mit Defiziten und Kompensationsversuchen auftreten.

4.5.   Operative versus strategische Führung

Es gibt noch einen weiteren wichtigen Unterschied im Bereich Führung, nämlich operative versus strategische Führung. Operative Führung erhält bekannte Prozesse und deren Qualitäten aufrecht, wahrscheinlich mit wechselnden Akteuren. Strategische Führung ist darauf angelegt, bekannte Prozesse weiterzuentwickeln oder neue zu schaffen.

Im Theater ist strategische Führung gefragt, wenn ein neues Stück inszeniert oder ein bestehendes Stück neu inszeniert werden soll. Wie im vorigen Abschnitt beschrieben, muss der Regisseur bei einer Neuinszenierung viel kreativer sein, wenn es darum geht, neue Handlungsabläufe zu gestalten und Spieler in Interaktion zu bringen, ohne auf Geläufiges zugreifen zu können. Sobald ein neues Spiel etabliert ist und mehrmals aufgeführt wurde, ändert sich die Rolle der Regie. Jetzt kann jemand die Regie der wiederholten Aufführungen übernehmen, der lediglich für die Aufrechterhaltung des Leistungsniveaus verantwortlich ist. Kompetenzen für Neu-Gestaltung sind jetzt weniger wichtig, während Pflege der Re-Produktion und Sicherung der Organisationsabläufe wichtiger werden.

Letztendlich sind beide Regiearten für solche Theater wichtig, deren Aufführungen über einen langen Zeitraum wiederholt werden, wenn auch in vielerlei Hinsicht immer wieder unterschiedlich. Beide Eigenschaften und Passionen dürfen letztlich nicht voneinander getrennt werden, denn es gibt auch Zusammenhänge: Erst-Aufführungen sollten schon so gestaltet werden, dass sie in guter Qualität, mit neuer Besetzung und in anderer Umgebung leicht wiederaufgeführt werden können. Und: Ohne ständige Erneuerung und Veränderungen können Aufführungen kaum attraktiv und lebendig gehalten werden.

Unternehmen, die ihr Geschäft mit neuen Produkten, Prozessen und Neupositionierung im Markt starten, brauchen zunächst strategische Führung. Um aber mit der Wiederholung qualitativ hochwertiger Prozesse erfolgreich zu sein, benötigen sie auch kluge operative Führung, insbesondere bei der Einbindung neuer Mitarbeiter. Verschiedene Qualitäten von Führung müssen sich gegenseitig respektieren und Hand in Hand arbeiten. Wenn Kreativität in der strategischen Führung die operative Führung dominiert, kann es vorkommen, dass ein Unternehmen unnötig oft in seinen Routinen der täglichen Leistungserbringung aufgewühlt wird. Umgekehrt können operative Führungskräfte kreative strategische Entwicklungen blockieren, wenn sie zu sehr an ihren Routinen festhalten. Insbesondere in der Startphase neuer Strategien oder neuer Kulturentwicklungen muss Strategische Führung dem System viel umfassender und häufiger alles erklären als allgemein angenommen wird.

Talentierte strategische Führungskräfte neigen dazu, diese Notwendigkeit zu unterschätzen, und investieren zu wenig in den Austausch und die Stabilisierung von Ideen. Wenn eine Unternehmenskultur viel Gemeinsamkeit in allen Dimensionen gewährleistet, profitieren sowohl die tägliche Leistung als auch notwendige Veränderungen und Entwicklungen nachhaltig.

4.6.　Macht und Autorität in der Führung

Führen bedeutet, andere erfolgreich einladen, in einem bestehenden Stück zu spielen oder bei der Erstellung eines neuen zu helfen. Was hat das mit Macht und Autorität zu tun?

Für Befehls- und Gehorsamsbeziehungen scheint "einladen" eine ziemlich romantische Übertreibung zu sein. Aber in einer komplexen Wirklichkeit andere dazu zu bringen, konstruktiv zu agieren, kann nicht ohne deren selbstgesteuertes Verhalten gelingen. Führung aufzubauen bedeutet, einerseits Macht in Anspruch zu nehmen und zu nutzen und andererseits in Machtbeziehungen die Macht anderer zu akzeptieren und positiv mitzugestalten. So bilden sowohl Ermächtigung als auch die Zuweisung von Autorität wichtige Dimensionen in Führungsbeziehungen.

Der Leiter muss etwas anbieten, das andere davon überzeugt, sich kooperativ zu organisieren. Um dies zu erreichen, bringt einerseits der Leiter seine Vorstellungen ein, berücksichtigt aber andererseits auch Vorstellungen derer, die geführt werden. Wird Führung nicht durch die Geführten autorisiert, ist die Macht wenig real. Macht und Autorisierung sind Zwillinge. Führung wird kreativ nur dann wirksam, wenn Macht und Autorisierung übereinstimmen.

Die notwendige Autorität kann entweder durch Autoritätsstrukturen oder im gegenseitigen Einvernehmen erworben werden. Dies kann explizit (vertraglich) oder implizit (durch komplementäres Verhalten) erfolgen.

Beim isb unterscheiden wir zwischen drei Dimensionen von Macht und Autorisierung: Hoheitsmacht, Sinnmacht und Schöpfermacht. (vgl. Abb. 11)

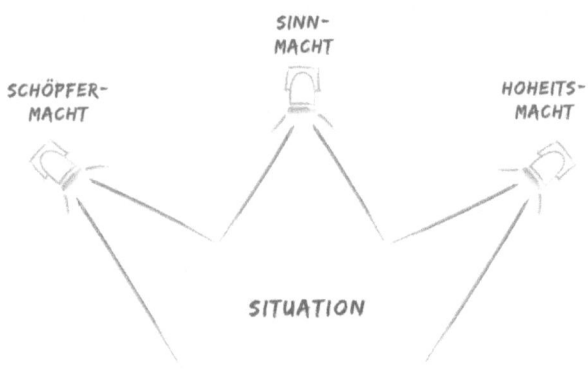

SINN-
MACHT

SCHÖPFER-
MACHT

HOHEITS-
MACHT

SITUATION

Abb. 11: Dimensionen von Macht und Autorisierung
(Schmid/Messmer 2003)

Hoheitsmacht wird in der Regel durch die Machtstruktur eines Unternehmens verliehen. Sie wird an hierarchische Führungspersonen per Organisationsrollen verliehen und gibt ihnen das Recht, gegenüber geführter Wirklichkeit so zu definieren, dass diese in der Organisation als gültig und für das Verhalten als verbindlich anzusehen ist. Wer so geführt wird, ist durch Vertrag mit der Organisation verpflichtet, diese Macht im Zusammenhang mit Organisationsrollen zu akzeptieren. Dies kann nur vermieden werden, indem man die Rolle und diese Macht-Beziehung leugnet oder aufgibt.

Sinnmacht basiert darauf, dass der Leiter als jemand wahrgenommen wird, der sinnvolle Werte, Ideen und Zwecke repräsentiert. Dies wird häufig Charisma genannt. Andere fühlen sich von der Kraft und Ausstrahlung berührt und werden zu Mitgestaltern, die bereit sind, sich ebenfalls auf diese Kräfte auszurichten. Die Autorisierung entsteht durch (freiwillige)

Nachfolge. Autorität dieser Art kann nur begrenzt aktiv erworben werden, da sie auf Haltungen und Strahlkraft beruht, die Menschen hinter Organisationsrollen direkt wahrnehmen oder zumindest vermuten.

Schöpfermacht basiert auf dem Glauben, dass jemand in der Lage ist, eine führende Rolle bei der Schaffung von Wirklichkeiten zu spielen. Andere erleben oder glauben, dass sich an diesen Talenten zu orientieren und zu diesen Kreationen beizutragen, nützlicher ist als etwas anderes zu tun. Dadurch entsteht eine Autorisierung, die als Erfolgserwartung dieser Art von Macht entspricht. Kompetenz als Schöpfer kann durch Bildung erworben werden, doch sollten schon auch einige Talente vorhanden sein.

Präsenz und Wirkung dieser drei Dimensionen von Macht ist als komplementär und in Kombination zu sehen. Für jeden Mensch kann reflektiert werden, welche Macht ihm liegt und er zu erwerben und zu nutzen sucht. Was ist sein spezifischer Stil dabei? Auf welche Art von Ermächtigung ist er erpicht? Welche Art von Macht anderer ist er bereit zu akzeptieren oder einzuladen? Und welche Präferenzen hat er beim Zugestehen oder Beanspruchen von Macht?

Es kann durchaus andere Quellen und Dimensionen von Macht geben. Beim isb-Ansatz ist Macht eine Frage von Ko-Kreation und Beziehung, genauso wie Führung eine Frage von Zusammenarbeit und gemeinsamer Wirklichkeit ist.

4.7.   Führungsstile

Es gibt keine "richtige Führung" - es gibt nur funktionierende Führung. Was auch immer die richtige Wahl sein mag, kann nur im Lichte der beteiligten Personen und der Situation beurteilt werden. Daher können sich geeignete Konstruktionen und

Stile von Führung für verschiedene Zwecke, in verschiedenen Bereichen und Beziehungen unterscheiden. Dies lässt sich an zwei unterschiedlichen Führungskulturen um zwei Tanzkompanie-Direktoren in Deutschland veranschaulichen. Beide waren bzw. sind charismatisch und international erfolgreich. Die eine führte in erster Linie durch Schaffung eines Raumes, in dem eigenen Ideen und Entwicklungen der Mitwirkenden Aufmerksamkeit fanden. Dabei spiegelte sie nur von Zeit zu Zeit ihre Wahrnehmung von Tänzern und Beiträgen wider. Drehbuch und Regie für jede Tanzaufführung sollten sich während des Einstudierens entfalten und den Impulsen der Tänzer folgen. Im Gegensatz dazu geht der andere von ausgeklügelten Entwürfen aus. Er veranschaulicht seine Ideen, indem er selbst durch Tanzen modelliert und an seine Tänzer von Körper zu Körper vermittelt.

Wahrscheinlich haben in beiden Fällen Choreographen und Tänzer deshalb zueinander gefunden, weil ihre Stile zueinanderpassten - in beiden Fällen verschieden, aber erfolgreich. Wenn beide Kompanien eine gemeinsame Tanzperformance kreieren sollten, könnten sie sich wohl kaum für nur einen Stil oder eine Führungskultur entscheiden, sondern müssten Wege finden, gemeinsam zu agieren und die Unterschiede wert zu schätzen.

Wir können auf Führungs-Subkulturen in Organisationen auf ähnliche Weise schauen. Um sie für die Zusammenarbeit kompatibel zu machen, müssen die Akteure miteinander in einen achtsamen Dialog gehen.

4.8.   Entwicklung von Führungsbeziehungen

Für Führungsentwicklung sind Führungsbeziehungen zentral. Die kleinste Einheit besteht dabei aus zwei Personen, die in einer Führungsbeziehung zusammenwirken und diese spezifische Beziehung verbessern wollen. Beide sollten grundsätzlich über einige Kompetenz in ihren Rollen und in der Klärung von Passung verfügen. Sie sollten auch verstehen, wie Charakterzüge, die Definitionen von Rollen und Aufgaben sowie ihr Kontext ihre Beziehung beeinflusst. Sie können Wege finden, ihre Beziehung zu verbessern oder auch herausfinden, dass die Passung nicht ausreicht, um weiter in gerade diese Beziehung weiter zu investieren. Im Rahmen von komplexeren Leadership-Lernprozessen könnte diese Perspektive in der täglichen Arbeit ausgeweitet oder sogar für anstehende OE-Projekte genutzt werden. Die Auseinandersetzung mit Führungs-Beziehungsfragen ist auch Teil des in Kap. 7.7 beschriebenen Systemlernens.

4.9.   Führungskräfteentwicklung

Die Beteiligten an Führungsbeziehungen sollten Schulung und Supervision gemeinsam durchlaufen, um ihre spezifische Interaktion gemeinsam weiterzuentwickeln zu können. Für Personalabteilungen ist dies eine Herausforderung, da sich die Vorstellungen von Führungskräfteentwicklung innerhalb der Organisation selten als Führungsbeziehungs-Entwicklung etabliert haben. Tatsächlich ist jeder gefordert, unterschiedliche Stile in verschiedenartigen Beziehungen in sein Repertoire zu integrieren. Dabei müssen neben persönlichen Stilvorstellungen auch die Logik von Rollen, Aufgaben, Know-how, Macht etc. mitberücksichtigt werden. Da kein Führungstrainer alle Besonderheiten kennen kann, sind die Möglichkeiten eines vorgefertigten Trainings begrenzt.

Daher sollte die Gestaltung des Dialogs zwischen denen, die miteinander in echten Führungsbeziehungen stehen, immer im Mittelpunkt der Führungsweiterbildung stehen. In diesem Zusammenhang sollten sich die der an Führungsentwicklung beteiligten Personen mit einem gemeinsamen Verständnis der beabsichtigten Führungskultur mit all ihren gemeinsamen Merkmalen und unterschiedlichen Varianten auseinandersetzen.

5. Gemeinsames Verständnis von Team und Organisation

5.1. Was ist eine Organisation?

Ein Unternehmen ist eine „Projektion" aus der Sicht mehrerer Perspektiven. Der Vorstand kann es aus der Sicht von Marktpositionierung beschreiben, der Finanzdirektor aus der Sicht von Finanzzahlen, Investoren aus der Sicht der Skalierbarkeit, Vertriebspartner aus der Sicht der Marktpotentiale, Mitarbeiter aus der Sicht von Karrieremöglichkeiten usw.

In jedem der Fälle schwingt beim Begriff Organisation eine unterschiedliche Perspektive mit, die einen entscheidenden Unterschied macht. Auch wenn die Fakten gleich sind, sind die Attribute und Beschreibungen unter dem Begriff "Organisation" verschieden. Jeder der vielen Menschen, die mit einer Organisation zu tun haben, wird sie aus seiner eigenen Perspektive betrachten. Wenn Sie aufgefordert werden, Ereignisse zu benennen, die ein Unternehmen repräsentieren, werden verschiedene Personen ganz verschiedene Ereignisse in den Vordergrund stellen.

Bei der Diskussion von Organisationen ist es daher sinnvoll, Perspektiven und Ereignisse zu klären, auf die sich die Diskussion beziehen soll.

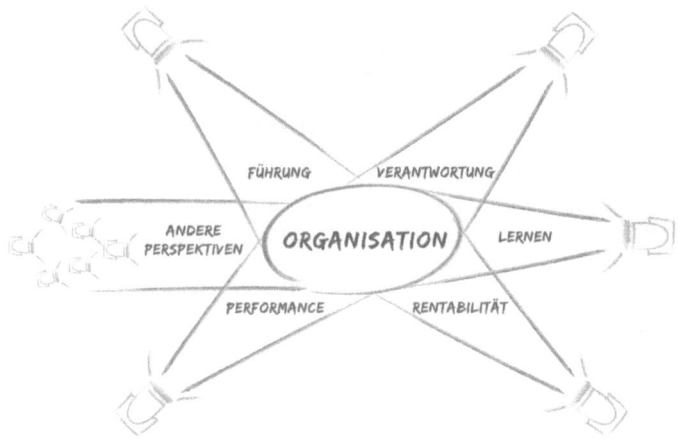

Abb. 12: Organisation aus verschiedenen Perspektiven (Schmid 2016)

5.2. Team – eine Frage der Spezifikation

Wenn der Begriff „Team" auftaucht, meint man meist irgendwie zu wissen, was damit gemeint ist. Über Team-Workshops
als Dienstleistung kann man sich leicht handelseinig werden,
und zwar wegen dieser Illusion. Wenn wir genauer hinsehen,
entdecken wir ein unklares oder ein recht schematisches Verständnis davon, was mit "Team" gemeint sein könnte: Einmal
werden alle Menschen, die auf der gleichen Etage oder in der
gleichen Funktion arbeiten, als Team bezeichnet. Ein andermal
werden alle Menschen, die sich irgendwie engagieren sollten,
als Teil des Teams betrachtet. Infolgedessen sind viele Team-
sitzungen oder Teamworkshops verwirrend oder ineffektiv. Oft
handelt es sich mehr um eine Art Gruppenevent, das wegen
des Fehlens einer klaren Fokussierung und des Aufmerksam-

keitshungers der Anwesenden erhebliche Gruppendynamik auslöst. In solchen Situationen scheinen die Menschen sich darüber unklar zu sein, welche Rolle sie in welchem Stück unter welcher Regie spielen. Wenn jedoch schon der Zweck einer Teambesprechung unklar bleibt, ist es schwierig, die Personen auszuwählen, die beteiligt sein sollen. Dann werden unverbindliche Pläne geschmiedet und Entscheidungen ohne wichtige Verantwortliche getroffen. In anderen Fällen werden so viele Spieler eingeladen, dass dadurch eine Art Großgruppen-Event entsteht, das deutlich über die "Teamgröße" hinausgeht. Dies führt tendenziell zu unnötigem Stress, Komplexität und Kosten.

5.3. Team – eine Verantwortungs-Gemeinschaft

Deshalb definiert das isb den Begriff "Team" als all diejenigen, die gemeinsam Verantwortung tragen, - das Team als Verantwortungsgemeinschaft. Das bedeutet, dass geklärt werden muss, in welchem Zusammenhang und zu welchem Zweck eine Personengruppe in Bezug auf ein bestimmtes Ereignis als "Team" bezeichnet wird. Ein Beispiel: Nehmen wir an, es gibt Probleme bei der Akzeptanz eines neuen IT-Tool-gestützten Prozesses. Man kann dabei Probleme durch das Tool, bei seiner Handhabung und im Zusammenspiel mit anderen Tools und Prozessen im Vordergrund sehen. Dann sollten sich die Schlüsselpersonen und Spezialisten für diese Art von Fragen treffen, z.B. eine Auswahl von Benutzern (hoch oder geringer leistungsfähig), die Entwickler des Tools und ihre Vorgesetzten, Führungskräfte, die für den Integrationsprozess verantwortlich sind, etc. Sie bilden in diesem Moment das Team.

Man kann aber auch dieselbe Situation als ein Widerstandsphänomen betrachten, weil die Gewohnheiten zu Bequemlichkeit und irrationalen oder auch realistischen Ängsten führen, oder Arbeitsplätze durch die neuen Werkzeuge infrage gestellt sind. Dann müsste man andere Akteure einbeziehen z.B. einige Mitarbeiter, die beweglich sind und am ehesten zu den Gewinnern zählen und andere, die sich schwertun und möglicherweise auf einen Arbeitsplatzwechsel und eine neue Weiterbildung vorbereitet sein sollten. Es könnten auch Führungskräfte, die für diese Veränderungen und das Wohlergehen ihrer Mitarbeiter dabei verantwortlich sind zusammen mit HR-Vertretern und Psychologen usw. einbezogen werden. Dann würden diese zu diesem Zeitpunkt das Team bilden. Als Studiengruppe können sie beispielsweise Wege finden, die Situation und den Umgang mit den Beteiligten zu verstehen und zu handhaben und die Akteure in die Lage versetzen, den anstehenden Wandel zu steuern.

5.4.   Team-Events gestalten

Im vorherigen Kapitel wurde veranschaulicht, warum es notwendig ist, Teamzugehörigkeit in Kombination mit dem Fokus für ein bestimmtes Team-Event zu bestimmen. Bei der Vorbereitung eines Team-Events werden folgende typische Fragen gestellt:

Planungs-Fragen für Team-Events:

1.   Was wird im Mittelpunkt des Team-Events stehen?

2.   Welche Leute könnten am Team-Event teilnehmen? Sind sie fürs Team verfügbar?

3.   Welche können und sollten zu diesem Fokus beitragen?

4.   Welche Akteure haben überhaupt Erfahrungen in diesem Bereich und ausreichende Kommunikationsfähigkeiten?

5. Wenn sie bisher nicht als Teil des Teams definiert wurden, sollten sie dann eingeladen werden? Werden sie gerade jetzt gebraucht?

6. Gibt es ein gemeinsames Verständnis von Rollen und Verantwortlichkeiten bezüglich des Ergebnisses, für das das Event konzipiert ist?

7. Verfügen die Einbezogenen über die nötige Macht oder Zugang zu Entscheidungsträgern?

8. Gibt es ein gemeinsames Verständnis von Rollen und Verantwortlichkeiten beim Steuern und Überwachen des Events?

9. Besteht ein Bedarf an Moderatoren oder Beobachtern für Abläufe, Klärung, und Lernen?

10. Welche Rolle spielen interne und externe Dienstleister?

5.5. Das Team-Event Dreieck

Das Team-Event Dreieck ist ein didaktisches Modell, mit dem die Steuerung von Team-Events besser gelingen kann. Es wurde entwickelt, um Fachleute bei der Selbststeuerung und der Steuerung von Team-Event zu unterstützen.

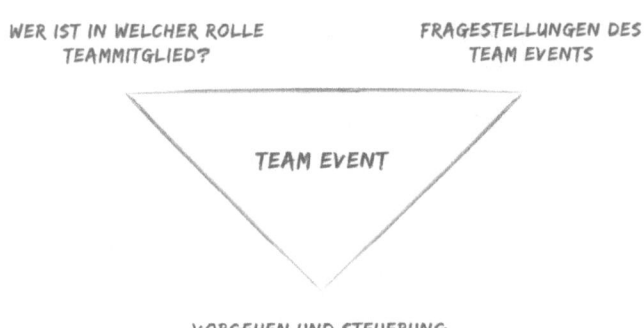

WER IST IN WELCHER ROLLE
TEAMMITGLIED?

FRAGESTELLUNGEN DES
TEAM EVENTS

TEAM EVENT

VORGEHEN UND STEUERUNG
DES TEAM EVENTS

Abb. 13: Das Team-Event-Dreieck (Schmid 2004)

Das Team-Event-Dreieck (Abb. 13) **besteht aus 3 Komponenten:**

1) Fragestellung des Teams - Zu welchem Zweck oder Ziel sollen sich die gemeinsam Verantwortlichen an dieser Stelle treffen?

2) Wer gehört zum Team - wer sollte zu diesem Zeitpunkt zum Team gezählt werden? In welchen Rollen und in welcher Verantwortung im Zusammenhang mit dem gesetzten Fokus sollte wer tätig sein?

3) Vorgehensweise, Selbststeuerung und Prozess-Steuerung - welcher Ansatz ist aus der Sicht derjenigen, die das Team-Event steuern und moderieren, angemessen?

Die fokussierte Verantwortung des Teams sollte zu den aktuellen Rollen der Teammitglieder passen. Mithilfe dieses Dreiecks können sich Moderatoren auf Klärungen zwischen den (potenziellen) Teammitgliedern konzentrieren. Sie sollten vor und während des Events untereinander ein gemeinsames Verständnis der Fragestellungen formulieren, die in einem iterativen Prozess im Team beantwortet werden soll. Moderatoren können den Teammitgliedern einen Lernrahmen zur Verfügung stellen und ihnen helfen, als System zusammenzuarbeiten. Um dies zu erreichen, werden Team-Führung und Event-Steuerung häufig als separate interne Verantwortlichkeiten wahrgenommen.

Bitte beachten Sie, dass oben Gesagtes lediglich zur Klärung beiträgt, ob Perspektiven und dahinter stehende Ideen des Teamevents zueinander passen. Andere Fertigkeiten und deren praktische Anwendung im Rahmen pragmatischer Vorgehensweisen werden an anderer Stelle beschrieben.

5.6. Vertikale Teams

Die isb-Definition von Team impliziert, dass Führungskräfte und Mitglieder verschiedener Strukturen innerhalb oder außerhalb eines Unternehmens immer dann Teil eines Teams sein können, wenn sie Teil eines fokussierten Verantwortungssystems sind. Allerdings denken die meisten Menschen "horizontal", wenn es um Team geht. Ein Grund dafür ist die Gewohnheit, sich als "horizontales Team" zu treffen, z.B. Direktoren auf gleicher Ebene oder HR-Geschäftspartner mit gleicher Funktion. Dennoch könnte es wichtiger sein, ganz andere mit komplementärer Verantwortung zu treffen, unabhängig davon, auf welcher Hierarchieebene sie sich befinden.

Aber um sich in Meetings mit Mit-Verantwortlichen auf Augenhöhe auseinander zu setzen, muss man sich aus den Komfortzonen der Peer-Gruppen hinausbewegen.

Das folgende Beispiel für vertikale Teamentwicklung veranschaulicht Überlegungen, die für die Definition eines "Teams" speziell für eine bestimmte Veranstaltung sprechen. Es zeigt auch, wie man ein Event, das wegen der Vielzahl von Betroffenen normalerweise als ein größerer Prozess konzipiert ist, stattdessen als Team-Event konzipieren kann.

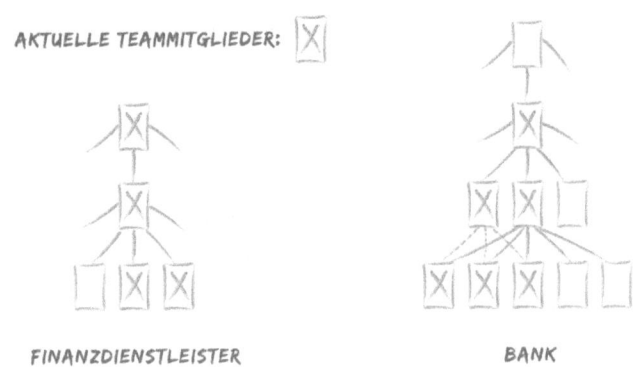

Abb. 14: Beispiel: Design für ein vertikales Team (Schmid/Hipp 1998)

In Abb. 14 stellt die linke Struktur ein mittelständisches Unternehmen dar, das im Handel mit modernen Finanzprodukten erfolgreich ist. Die rechte Struktur stellt einen Teil eines traditionellen Bankhauses dar, das dieses Handelsunternehmen gekauft hatte, um dessen Expertise zu integrieren. Der Kundenservice beider Unternehmen (in beiden Strukturen die unterste Ebene) sollte gemeinsam auf dieses Ziel hinarbeiten. Dies blieb jedoch ohne Erfolg. Bis auf wenige Ausnahmen behielten beide Seiten ihre üblichen Geschäfte und Strukturen bei. Die Handelsgesellschaft verkaufte weiterhin moderne Finanzprodukte, während die meisten Kundenbetreuer der

Bank nicht lernten, wie man diese Produkte vermarktet, und versäumten, das neue Wissen in ihre Arbeit zu integrieren. Als Ursachen wurden mehrere Erklärungen angeboten, jedoch wurden keine gemeinsamen und/oder gültigen Ideen gefunden, auf die man hätte reagieren können.

In einem vertikalen Teamworkshop sollte die Situation untersucht werden, um herauszufinden, ob es eine Lösung gibt und wie sich beide Organisationen ändern müssten, um das Ziel zu erreichen. Wenn innerhalb dieser Studiengruppe keine Lösung gefunden würde, käme der Wiederverkauf des Handelsunternehmens als Option in Betracht.

Die Teammitglieder für das Meeting mussten nun für auftragsgemäßes Arbeiten ausgewählt werden. Als Vertretung des Handelsunternehmens wurden zwei Mitglieder der untersten Hierarchieebene eingeladen, von denen das eine aktiv kooperiert hatte und das andere entweder passiv geblieben oder mit seinen Partnern gescheitert war. Zu diesem Zeitpunkt war unklar, wie die Situation über die Führungskette bis hin zum ehemaligen Geschäftsführer des Handelsunternehmens als Vertragspartner des Deals gehandhabt werden sollte. Die Führungsketten beider Seiten der Zusammenarbeit schienen der Mission wenig gedient zu haben, auch wenn dies als wesentlich für eine nachhaltige Zusammenarbeit vereinbart worden war. So wurden auch Führungskräfte der mittleren und oberen Führungsebene beider Seiten eingeladen.

Vonseiten der Bank wurden drei Kundenbetreuer eingeladen, von denen einer dazu gelernt und die Expertise des Handelsunternehmens in sein Tagesgeschäft integriert hatte und ein zweiter Kollege, der allgemein kompetent und interessiert war, aber eben dieses versäumt hatte. Ein Dritter hatte schlicht die Kooperation in diesem Projekt verweigert. Weitere Teilnehmer waren deren Chef sowie eine weitere Führungskraft auf der gleichen hierarchischen Ebene. Beide teilten Führungsbeziehungen mit den regionalen Account Managern (eine Art Matrix-Management), die für das Projekt vor Ort verantwortlich waren. Schließlich nahm noch deren Chef auf der höheren Hierarchieebene, der die Fusion der Bank verhandelt hatte, teil.

Zu diesem Zeitpunkt wurden insgesamt zehn Teammitglieder ausgewählt, wobei zu berücksichtigen war, dass sich dieses Team aufgrund der sich im Laufe der Zeit ändernden Ausrichtung in der Zusammensetzung ebenfalls noch ändern könnte. Aufgrund vorheriger Abklärungen wurde zur Vorbereitung dieses Team über die Gesamtsituation, die Fragestellung und die vorgesehenen Vorgehensweisen informiert.

5.7.   Aufgaben- und Beziehungsorientierung

Gruppendynamik und andere Ansätze unterscheiden meist zwei Dimensionen, nämlich Aufgabenorientierung und Beziehungsorientierung. Beziehungsorientierung bezieht sich auf das Erleben von Beziehungen, (a) ob Menschen respektvoll und vernünftig miteinander umgehen und (b) ob die Organisation mit Beziehungsproblemen zur Verbesserung der Resonanz aufeinander umzugehen vermag.

Aufgabenorientierung ist an der Auseinandersetzung mit Inhalt und Ergebnis interessiert, d.h. an der Strukturierung und Organisation von Prozessen, die der Aufgabenerfüllung dienen. Für eine Leistungsgemeinschaft ist es wichtig, sich ausreichend auf die Aufgabenorientierung zu konzentrieren, da die Basis für ihre Existenz eben in erster Linie aus einer Leistung besteht. Dennoch ist Beziehungsorientierung auch in einer Leistungsgemeinschaft für das Wohl unerlässlich. Sie hilft, Sinn für die beteiligten Menschen zu schaffen, insbesondere, ihre Grundbedürfnisse nach Sinn zu erfüllen, Zugehörigkeit zu erleben, spürbar Einfluss auf andere zu nehmen und persönliche Resonanz zu erhalten - diese Punkte bedeuten den meisten Menschen etwas.

Beide Orientierungen sind also wichtig und sollten ins jeweilige Gleichgewicht gebracht werden. Wenn eine Orientierung auf Kosten der anderen dominiert, kann dies unbewusst zu einer subversiven und unreifen Dominanz durch die vernachlässigte Orientierung führen. Das Ausagieren von irgendwelchen Beziehungsdynamiken mit wenig echter Zielorientierung und entsprechend abgelöster Gruppendynamik können das Teamleben dominieren und letztendlich sowohl Beziehungen als auch Leistung beeinträchtigen. Gruppendynamik als Bildungsansatz verfolgt oft den Zweck, solche Polarisierungen zu studieren, sodass für beiden Orientierungen Bewusstsein geschaffen und gelernt wird, mit ihnen umzugehen. Letztlich geht es aber darum, sich von vornherein auf die sorgfältige Gestaltung und Leitung einer leistungsorientierten Gruppe auszurichten, d.h. auf den Aufbau von Teamkultur.

5.8.   Von der Gruppendynamik zur Teamkultur

Professionelle Teamentwicklung war viele Jahre lang eine Domäne von Psychologen, die mit Ansätzen der Gruppendynamik arbeiteten. Dieser Ansatz wurde hauptsächlich aus den Traditionen der Sozialpsychologie, der Psychoanalyse und der Gruppensoziologie abgeleitet. Allerdings sind solche Ansätze heute nur noch als spezifische Arbeitsgruppen in diesen Disziplinen interessant. Es ist fraglich, ob der Begriff „Gruppe" in Organisationszusammenhängen überhaupt geeignet ist. Er ist unspezifisch und steht eher für einen sozialpsychologischen Fokus. Stattdessen scheint uns der Begriff "Team", wie vorstehend beschrieben, eher angemessen.

Obwohl gruppendynamische Programme noch auf dem Markt sind, werden sie vom isb für die Entwicklung von Teams oder die Qualifizierung von Fachkräften in Teams im Bereich von Organisationen als wenig funktional angesehen. Doch die Diskussion darüber erzeugt schon unter Fachleuten in der Regel viel Dynamik. Der Standpunkt des isb wird in den Vertiefungsmaterialien erläutert.

6. Gemeinsames Verständnis von Kompetenz

"Wenn du schnell laufen willst, geh allein. Aber wenn du weit laufen willst, dann geh mit anderen zusammen." (Ratan Tata)

6.1. Was ist Kompetenz?

Kompetentes Handeln in einem Unternehmen bedeutet, erfolgreich zur Zielerreichung und zur Systempflege beizutragen, und den Weg für beides weiter zu entwickeln. Es ist naheliegend, dass Erfolg für jeden in verschiedenen Systemen und unter unterschiedlichen Bedingungen anders gedeutet wird. Doch gibt es auch oft Übereinstimmung, was als kompetent anzusehen ist. Immerhin gibt es Menschen, die in der Regel in verschiedenen Systemen und unter unterschiedlichen Bedingungen erfolgreicher sind als andere. Sie gelten dann meist als kompetenter. Dennoch kann Kompetenz nur zum Teil dem Einzelnen zugeordnet werden. Die Kompetenz in einer Organisation ist weitgehend eine Frage der Passung zwischen einem Individuum und dem Organisationssystem. Niemand kann ohne andere kompetent sein.

Es gibt individuelle Talente, Kompetenzen und Persönlichkeitsmuster, die Bestand haben. Jeder kennt Menschen, die in fast allen Umgebungen und Rollen ihre Persönlichkeit deutlich zum Ausdruck bringen. Für einen Teil von Kompetenz ist die individuelle Steigerung und die Entwicklung der Persönlichkeit durch Individual-Lernen ein Weg zum Fortschritt.

Auf der anderen Seite hat jeder schon erlebt, dass wir - obwohl wir die gleiche Person sind — ganz unterschiedliche Seiten unserer Persönlichkeit zum Ausdruck bringen können und in verschiedenen Kontexten unterschiedliche Arten haben, zu erleben und zu handeln.

Professionelle müssen sich im Kraftfeld von Organisationen organisieren. Wenn die Umstände chaotisch sind, ist es schwierig, klar und konzentriert zu bleiben. Und wenn die Situation konventionell und langsam ist, ist es schwierig, auf dynamische und kreative Weise zu interagieren. Dann kann Erhöhung der Kompetenz im Zusammenspiel mit anderen also Gemeinschafts-Lernen als zweiter Weg zum Fortschritt markiert werden.

Die Fähigkeit von Systemen, ihre eigene Art des gemeinsamen Lernens zu gestalten und die Entwicklung von eigener Lernkultur, also System-Lernen, ist ein dritter Weg. Wenn man für eine Kombination aus der Steigerung von individueller Kompetenz, der zunehmenden Kompetenz einer Gemeinschaft und der Entwicklung der Lernkultur eines Systems sorgt, wird die Situation ideal. Wie Individuen und Systeme zu einer gemeinsamen Lernkultur beitragen können, wird im folgenden Kapitel diskutiert.

6.2. Individuum und Organisation

Bei der Diskussion von Kompetenz als Qualität in der Beziehung zwischen Individuum und Organisation ist es hilfreich zu klären, inwieweit jede Seite berücksichtigt werden sollte. Dimensionen des persönlichen Lebens müssen auf das beschränkt werden, was im Rahmen einer Organisation berücksichtigt werden kann. Die Dimensionen eines Unternehmens müssen auf das beschränkt werden, was für den Einzelnen in einer gegebenen Situation relevant ist.

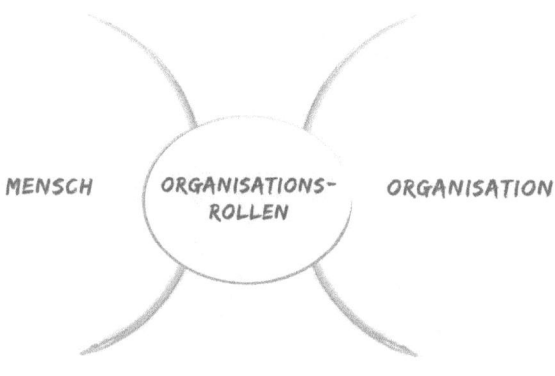

MENSCH ORGANISATIONS-ROLLEN ORGANISATION

Abb. 15: Begegnung Individuum-Organisation (Schmid 2017)

Abbildung 15 zeigt, dass Organisationsrollen den Bereich der relevanten Dimensionen sowohl für den Einzelnen als auch für das System definieren. Es gibt noch andere wichtige Aspekte auf beiden Seiten, die an dieser Stelle weder berücksichtigt werden können noch sollten. Kompetenz in Organisationen meint also Rollenkompetenz in der Rollenstruktur der Organisation. Fragen rund um Rollen wurden in Kapitel 2 diskutiert.

Abb. 16: Passung Person Rolle (Schmid/Messmer 2003)

In Abb. 16 wird die Begegnung zwischen Individuum und Organisation vertieft. Die Organisations-Rollen erfordern Kernkompetenzen einer Person und manifestieren sich in Kernaktivitäten. Im Idealfall gründet beides in einem professionellen Selbstverständnis, für die diese Person steht und die organisatorische Rolle aus der Sicht des Einzelnen ist identisch mit der von der Organisation definierten Funktion. Rollen und Aktivitäten von Einzelpersonen stehen in geklärtem Zusammenhang mit Funktionen und Kernprozessen in einem Unternehmen. Da dieses Ideal in der Regel von der Realität abweicht, besteht ein permanenter und wiederkehrender Klärungsbedarf. Hier wird einmal mehr die gegenseitige Abhängigkeit zwischen Individuum und Organisation deutlich. Hier begegnen sich Personalentwicklung und Organisationsentwicklung. Kompetenz und Passung müssen auf beiden Seiten im Zusammenhang diskutiert werden.

6.3. Kompetenz des Einzelnen

Für individuelle Kompetenz und das Identifizieren notwendiger Entwicklungen hat sich die isb-Kompetenz-Formel I für Einzelpersonen- (siehe Abb. 17) bewährt.

Die Formel definiert Kompetenz als Kombination von Rollenkompetenz, Kontextkompetenz und Passung. So werden drei grundlegende Fragen veranschaulicht: 1. Bist du in der Lage, die dir zugewiesene Rolle zu spielen? 2. Verstehst du das Spiel, in dem du die Rolle spielen wirst? 3. Passen die Anforderungen an Deine Rolle und Deinen Beitrag zum Spiel zu dem, was für Dich Sinn macht und zu anderen Dimensionen deines persönlichen Lebens passt?

Um es mit einer Metapher zu erläutern: Ein Fußballspieler sollte, um als Verteidiger kompetent zu werden, alle Techniken eines Verteidigungsspielers erlernen. Darüber hinaus muss er die Logik des Verteidigungsspiels seiner Mannschaft sowie deren Strategie verstehen. Darüber hinaus sollte die Verteidigerposition mit seinen Talenten, Ambitionen, seiner Identität und Philosophie im Sport und im Leben übereinstimmen.

isb- Kompetenz-Formel I:

Abb. 17: Kompetenz für Einzelne (Schmid 2008)

Dabei wird das Ergebnis der Formel I durch Multiplikation erzeugt. Das veranschaulicht, dass eine niedrige Ausprägung in einer Dimension den Wert der beiden anderen deutlich verringert. Die Kompetenz als Führungskraft ist geringer, wenn man entweder zwar seine Organisation versteht, aber nicht gelernt hat, wie man führt, oder aber, wenn man zwar eine erfahrene Führungskraft ist, jedoch die Logik des Bereichs, in dem man sich befindet, nicht verstanden hat. Oder drittens kann jemand zwar führen und versteht das System, aber er und seine Organisation haben sich in verschiedene Richtungen entwickelt, was zu einem Passungsverlust führt.

In Formel I sind Kompensationen begrenzt möglich. Als leidenschaftliche Führungskraft kann man z.B. andere inspirieren, auch wenn Kompetenzen in Bezug auf Rollen und Kontext noch weiterentwickelt werden müssen. Durch Reflexionen mithilfe von Formel I kann man feststellen, welche Rollen und Kontexte versorgt sind und passen, wo welche Art von Lernen gefordert wäre und in welchem Bereich Investitionen in Entwicklung am effektivsten sind.

6.4.   Kompetenz von Systemen

Die Kompetenz eines Systems (Abb.18) wird definiert durch 1. koordinierte individuelle Kompetenzen, 2. eine gemeinsame Lernkultur und 3. die Anpassung und Einbettung sowohl in das Geschäft als auch in die Entwicklung der Organisation in ihrem Umfeld.

Die „isb"-Kompetenz-Formel II:

| SYSTEM-KOMPETENZ | = | KOORDINIERTE EINZEL-KOMPETENZ | ✗ | GEMEINSCHAFT-LICHE LERNKULTUR | ✗ | PASSUNG UND INTEGRATION IN BUSINESS + OE |

Abb. 18: System-Kompetenz (Schmid 2013)

Wieder lässt sich diese Formel durch den Aufbau von Kompetenz einer Fußballmannschaft veranschaulichen.

Zunächst muss jeder Spieler ein talentierter und technisch versierter Fußballspieler sein. Diese individuellen Kompetenzen müssen jedoch kombiniert werden, um Teamkompetenz zu erlangen. Daher müssen Teams also solche geschult werden, um ihre Kompetenz zu erhalten und zu steigern. Ob die Bemühungen erfolgreich sind, hängt vom hochwertigen Aufbau einer gemeinsamen Philosophie und täglicher Praxis des gemeinsamen Lernens ab (vgl. nächstes Kapitel). Letztendlich hängt der Erfolg auch von der Abstimmung mit sonstigen Entwicklungen im Fußball in verschiedenen Dimensionen ab. Offensichtlich kann Systemkompetenz nicht einfach nur durch individuelles Training entwickelt werden.

6.5. Passung

Erwägt man, Kompetenzen zu verbessern, sollte das individuelle Lernen nicht überbewertet werden. Abgesehen von dem oben erläuterten Systemeffekt des Lernens ist die Passung wichtig. Nehmen wir an, da ist ein eher introvertierter Mensch, der dazu neigt, langsam zu sein, aber systematisch hohe Anforderungen zu bewältigen. Er neigt dazu, sich nur dann mit anderen auszutauschen, wenn er einen echten Nutzen darin sehen kann, zieht es vor, erst dann Ergebnisse zu präsentieren, wenn ein befriedigendes Niveau erreicht ist. Möglicherweise kann eine extravertierte Organisation ihm wenig liegen, weil er sich dort leicht abgelenkt und gestresst fühlt (vgl. Kapitel 11.10.). Denn in solchen Organisationen bewegen sich die Dinge schnell und provisorisch, ständig in Interaktion und Koordination mit anderen. In dem Bemühen, seine Leistung und Zufriedenheit zu steigern, kann er lernen, sich bis zu einem gewissen Grad anzupassen, was sich aber als begrenzt effizient und effektiv und ziemlich anstrengend erweisen kann.

Verbesserung durch persönliches Lernen mag erstrebenswert sein, doch Überlegungen ob und wie Passung zwischen einem Introvertierten und einer extravertierten Organisation hergestellt werden kann, könnte mehr bringen. Am isb versuchen Professionelle oft, Kompetenz und Leistung vor allem durch persönliches Training zu steigern, obwohl sich die Klärung und Aktualisierung von Passung als einfacher und erfolgreicher erweisen könnte. Wenn man sich in einer Organisation unwohl fühlt, geschieht es leicht, dass man bei sich selbst oder der Organisation die Schuld sucht. Doch mögen beide Seiten an sich in Ordnung sein, aber nicht gut zueinander passen. In anderen Fällen kann Passung im Laufe der Zeit durch inkompatible Entwicklungen verloren gehen. Wie wir bereits aus den Kompetenzformeln gelernt haben, ist Kompatibilität immer auch eine Frage des Sinnerlebens.

Abbildung 19 lädt uns ein, von Zeit zu Zeit die Übereinstimmung in dieser Dimension zu überprüfen.

Abb. 19: Die Sinn- Passung von Mensch und Organisation

Bei der Klärung der Passung müssen bestimmte Kriterien untersucht und verstanden werden.

Fragen für Passungs-Klärungen:

1. Wird die Kernkompetenz des Individuums in den Rollen, die er ausübt oder ausüben soll, benötigt und begrüßt?

2. Hat die erwartete Aufgabe, der Arbeitsstil und zukünftige Entwicklung für das Unternehmen Bedeutung? Gibt es sinnvolle Karrierewege?

3. Hat der Einzelne die Leidenschaft und die Kompetenz, zum Kerngeschäft und zur Geschäftsentwicklung dieser Organisation beizutragen?

4. Bieten mögliche Rollen und Karrierewege dem Einzelnen die Aussicht auf Identität, die attraktiv genug ist, um wirklich Teil der Organisation zu werden?

Diese Fragen wurden hier zunächst aus der Sicht des Einzelnen formuliert, sollten aber auch von der Seite des Unternehmens gestellt werden. Wenn die Antwort auf eine dieser Fragen "Nein" lautet, empfiehlt sich weitere Abklärung oder zumindest eine Vereinbarung über eine gelegentliche Überprüfung.

Nur der richtige Schlüssel kann das Schloss öffnen - mit dem falschen wird Kraft verschwendet!

Nehmen wir den Fall eines jungen Psychologen, der über Expertise im Umgang mit modernen Medien verfügt. Er wurde beauftragt, den IT-Support und Medien für ein Trainingsinstitut zu entwickeln. Aber irgendwie entsprach diese Funktion nicht seiner extravertierten Seite, d.h. seinen Talenten und Ambitionen, sich selbst einem Publikum zu präsentieren. Dieses Missverhältnis verursachte Konflikte, da er sich ständig darum bemühte, öffentliche Aufmerksamkeit für seine Ideen zu bekommen. Dies führte zu Enttäuschungen und Zweifel an seiner Kompetenz auf beiden Seiten, was dann Anlass zu ausführlichen Gesprächen über die Passung und die möglichen Optionen war. Da eine Änderung seiner Rolle innerhalb des Unternehmens nicht möglich war, wurde ihm ein Kooperationsvertrag als freiberuflicher Seminarleiter angeboten. Diese Veränderung löste eine positive Entwicklung aus, die sein Selbstwertgefühl und gute Beziehungen zu seinem "ehemaligen" Organisationsumfeld aufrechterhielt.

Im Beispiel für vertikale Teams in Kapitel 5.6 gab es eine Fusion zwischen zwei Organisationen in der Erwartung, dass die Individuen irgendwie voneinander lernen sollten. In solchen Fällen kann es vorkommen, dass ein neues Tätigkeitsbild nicht dem Entwicklungspotenzial einiger Beteiligter entspricht.

Einige haben vielleicht nicht die Art von Persönlichkeit oder interessieren sich nicht für die damit verbundene Berufsentwicklung und können deshalb den neuen Erwartungen keinen

Sinn geben. Hier kann die Klärung der Passung über reines Training hinaus unerlässlich sein. Im Ergebnis kann die Architektur der Fusion neu bedacht werden, bevor alle in Missverhältnisse gezwungen werden.

6.6. Optimale Leitbild-Distanz

Wenn Einzelpersonen oder Systeme miteinander in Kontakt treten, sollte man sich überlegen, in welchen Dimensionen sie ähnlich und in welchen sie verschieden sind. Die Balance zwischen "Gleich und Gleich gesellt sich gern" und "Gegensätzen ziehen sich an" ist entscheidend. Fern konkreter Empfehlungen sollte man über einen optimalen Abstand zwischen Partnern mit unterschiedlichen Qualitäten für Zusammenarbeit und gemeinsames Lernen nachzudenken. Hierbei ist es hilfreich, wenn sich die Partner in unterschiedlichen Dimensionen voraus sind, wenn sie sich gegenseitig Leitbild sein können. Ist die Leitbild-Distanz zum gewünschten Partner zu groß, kann der Partner, der sich unterlegen fühlt, sich in Rückzug oder in Idealisierung und Abhängigkeit flüchten, anstatt eine Beziehung auf Augenhöhe zu entwickeln. Dann ist es beiden Seiten schwer möglich, selbstbewusst und aktiv zum gemeinsamen Lernen beizutragen und sich zu positiv kritischen Partnern zu entwickeln. Stattdessen kann gemeinsames Lernen verkümmern und subversiven Dynamiken aller Art Platz machen. Ist dagegen die Leitbild-Distanz zu klein, entsteht möglicherweise nicht genügend Anziehungskraft und Respekt voreinander, um Nutzen im Anderen zu suchen. Daher sollte man idealerweise eine optimale Leitbild-Distanz zwischen Partnern anstreben, wenn sie sich gegenseitig inspirieren, sich ergänzen und nach den Kompetenzen des anderen greifen sollen.

6.7. Reifegrade

Das Wort "reif" kann schnell als wertend wirken. Doch wird der Begriff reif hier im Sinne von "bereit sein" verwendet. Wer einen anspruchsvollen Berg besteigen will, sollte Erfahrung haben und gut vorbereitet sein, was Ausrüstung, Umstände, Wetter, Verpflegung und Getränkeversorgung und sogar Notfälle betrifft. Wer nicht vorbereitet oder genügend reif für eine solche Unternehmung ist, kann leicht Stress, Frustration, Versagen oder sogar ernste Gefahren erleben. Obwohl solche Überlegungen auf Einzelpersonen und Organisationen angewendet werden sollten, wird in der Regel zu wenig vorab geklärt und solchen Anforderungen in professionellen oder organisatorischen Vorhaben nicht hinreichend Aufmerksamkeit geschenkt.

Qualifizierungs-Programme erfüllen oft nicht dien in sie gesetzten Erwartungen, wenn der Niveau-Unterschied zwischen Ausgang und Ziel für den beabsichtigten Entwicklungsschritt zu groß ist. Insbesondere bei Training und Supervision erwarten die Teilnehmer oft, dass sie auf das gewünschte Niveau „katapultiert werden" könnten, auch wenn die jeweilige Ausgangskompetenz oder die notwendigen Investitionen nicht angemessen eingeschätzt werden. Einige Unternehmen erwarten Veränderungsprozesse, die auf unrealistischen Erwartungen beruhen.

Die Geschichte vom Hindernisspringen (vgl. Kapitel 4.1) kann helfen, das Zusammenspiel zwischen der Reife von Reitern und den zu reitenden "Organisationspferden" zu veranschaulichen. Wenn weder Professionelle noch das System über entsprechende Erfahrungen mit der beabsichtigten Leistung und/oder Lernfähigkeit verfügen, kann sich der Weg zu einem höheren Kompetenzniveau als länger und anspruchsvoller erweisen als erwartet.

Wenn nur einige Professionelle einen zu niedrigen Reifegrad haben, kann man sich vielleicht auf individuelles Lernen konzentrieren, vorzugsweise im Zusammenhang mit der aktuellen Aufgabe innerhalb der Organisation. Ist ansonsten der Reifegrad aller Beteiligten hoch, kann der Lernprozess auf das Verstehen des bewährten Systems, auf eigene Reife, auf die verfügbaren Ressourcen und die Lernchancen konzentriert werden. Leider bewegen sich oft beide Seiten, d.h. also Zuständige wie mitwirkende Unternehmensteile auf einem niedrigen Reifegrad, ohne Bewusstheit oder Bereitschaft, sich dieser Realität zu stellen. Dann ist es eine heikle Aufgabe, dies bewusst zu machen und realistische Schritte zur Steigerung der Kompetenz auf allen Ebenen einzuleiten. Das Paradoxe dabei ist, dass ein gewisser Reifegrad erforderlich ist, um das Konzept „Reifegrad" überhaupt zu verstehen und als Voraussetzung für nachhaltiges Wachstum zu akzeptieren. Das übliche Dilemma ist, dass ein System, je unreifer es ist, desto mehr an illusionären Vorstellungen von Anforderungen sowie von schnellen und einfachen Entwicklungen festhält.

6.8.   Reife von Protagonisten

Um herausfinden zu können, welche Kompetenzen überhaupt verfügbar sind und welche Chancen man hat, den Lernbedarf mit verfügbaren Lernkapazitäten tatsächlich zu decken, empfiehlt sich eine Reifegrad-Analyse für die beteiligten Personen.

So lädt z.B. das isb zu Reifegrad-Analysen ein, bevor eine Studiengruppe einen Lernprozess für einen bestimmten Protagonisten organisiert. Dabei wird der Protagonist eingeladen, einen ersten kurzen Überblick über das Projekt und die Aktivitäten zu geben, an denen er beteiligt ist oder sein möchte. Um eine fundierte Einschätzung der Reife des Protagonisten zu erhalten, stellen die Lernpartner Fragen.

Fragen zum Reifegrad eines Protagonisten:

1. *Was ist Deine Aufgabe, Rolle und Verantwortung in diesem Projekt?*

2. *Wie steht Deine Aufgabe, Verantwortung, Qualifikation und Verfügbarkeit im Verhältnis zu den anderen beteiligten Akteuren?*

3. *Inwieweit sind Deine Ideen bereits zur gemeinsamen Wirklichkeit mit anderen Beteiligten geworden?*

4. *Hast du genügend Zugang zu den Verantwortlichen?*

5. *Weißt du genug über ihre Absichten und die Geschichte des Projekts?*

6. *Welche Erfahrungen hast Du mit dieser Art von Projekt?*

7. *Wie ist die Erfahrung Deines Unternehmens mit Projekten dieser Art und Größe?*

8. *Wie realistisch ist die Organisation über das Projekt und die Bereitschaft, es zu realisieren?*

9. *Würde das Unternehmen notwendige Anpassungen tolerieren?*

10. *Was ist Deine persönliche Erfahrung mit dem Lernen in diesem Bereich und mit den hier angebotenen Lernansätzen?*

Eine Reifegrad-Checkliste für Individuen (vgl. unten) konzentriert sich auf das Sammeln von Eindrücken über die Reife einer Person bezogen auf das anstehende Projekt. Diese sollten immer dann im Auge behalten werden, wenn es um Ziele, Einstellungen, Ansätze und Verantwortlichkeiten im geplanten

Prozess draußen und im Lernprozess hier und jetzt geht. In dieser Phase hoffen wir, zumindest intuitive Eindrücke zum Projekts teilen und überzeugende Vereinbarungen für den Lernprozess finden zu können. Damit kann Enttäuschungen im anschließenden Lernprozess vorgebeugt werden.

Reifegrad-Checkliste für Einzelpersonen:

Die Person…

1. ist in der Lage, das Projekt der Organisation und ihre Zuständigkeit darin zu beschreiben.

2. kann verständliche Bilder von Rollen und Funktionen vermitteln.

3. hat eine realistische Einschätzung der Fähigkeiten und Verantwortlichkeiten der beteiligten Personen.

4. hat eine Vorstellung von den notwendigen Abmachungen und Verantwortlichkeiten in Bezug auf das Projekt und ihre Rolle.

5. entwickelt aktiv Ideen über notwendige Abklärungen, Ressourcen und Verfahren.

6. ist in der Lage, die Organisation so zu beschreiben, dass ein Eindruck von ihrer Reife entsteht.

7. ist erfahren mit solchen Projekten und sorgt für eigene Unterstützung. Sie weiß, welche Art von Unterstützung vom wem gebraucht wird.

8. trägt sachlich zum Projekt (und zur Reifegradprüfung) bei, bleibt fokussiert und gibt auf Feedback angemessen Resonanz.

9. ist offen für konstruktive Kritik und Beiträge zum Vorhaben und kennt ihre Rückfall-Positionen, sollten Klärung im Unternehmen scheitern.

10. hält bezüglich ihrer Pläne und im Lernprozess Kurs und trägt so konstruktiv zu den Lernbeziehungen bei.

6.9.   Reife von Organisationen

Die Reifegrad-Checkliste für Organisationen (vgl. unten) konzentriert sich darauf, Eindrücke über die Reife der Organisation selbst zu sammeln. Die wichtigsten Schritte sind zunächst eine Diskussion mit dem Protagonisten über die Reife der relevanten Teile der Organisation zu etablieren und über die Schlüsse, die für Zielerreichung und fürs Lernen zu ziehen sind. Man kann nie mit einem System als Ganzes sprechen, sondern nur mit Beobachtern mit unterschiedlichen Perspektiven innerhalb und außerhalb. Hochwertige Reifegrad-Gespräche sind daher für realistische Bewertungen unerlässlich. Sowohl in den Lerngruppen des isb als auch in den Lernsettings innerhalb von Unternehmen ist man bei der Beschreibung von Reife auf die Aussagefähigkeit derer angewiesen, die über die Organisation berichten. Daher bleiben Reife des Einzelnen oder der Organisation manchmal unklar. Dann bleibt die Herausforderung, dennoch zu einer nützlichen Beurteilung zu kommen.

Reifegrad-Checkliste für Organisationen:

1. Hat die Organisation Erfahrung mit Projekten dieser Art und Größe?

2. Wie findet man Zugang zu relevanten Erfahrungen?

3. Ist das System in der Lage und bereit, aus Fehlern zu lernen?

4. Gibt es überhaupt genug Klarheit, um das Projekt zu verstehen? Haben die wichtigen Personen realistische Vorstellungen?

5. Sind notwendige Ressourcen vorhanden? Ist eine Klärung möglich? Wenn nicht, kann man dann das Projekt in Frage stellen?

6. Haben die Akteure hinreichende Kompetenzen und Vorstellungen über ihre eigenen Beiträge und Verantwortlichkeiten? Sind die eingeplanten Kräfte wirklich verfügbar?

7. Wird das Projekt durch die Machtstruktur ausreichend unterstützt? Kann die Unterstützung während des gesamten Projekts gewährleistet werden?

8. Sind Bereitschaft und Kompetenz vorhanden, sich mit eventuell auftretenden Konflikten auseinanderzusetzen? Wenn nicht, wer zahlt dann den Preis?

9. Gibt es Klarheit darüber, wer Fortschritte und Ergebnisse bewerten wird? Führen diese Bewertungen zu angemessenen Konsequenzen?

10. Macht das Projekt im Allgemeinen Sinn, und wenn nicht, kann das dann diskutiert werden?

Diese Fragen für Reifegradprüfung beschränken sich nicht nur auf die Ermittlung des Reifegrades selbst, sondern können auf Planung oder Contracting bei spezifischen Vorhaben ausgedehnt werden. Schlussfolgerungen sollten in Projektgruppen oder Arbeitsgruppen diskutiert werden.

Fragen zu Schlussfolgerungen aus Reifegradeinschätzungen:

1. Wie realistisch sind die Chancen für das Unternehmen, diese Ziele zu erreichen?

2. Wie gut kann sich der Protagonist positionieren?

3. Wie kann der Protagonist Verantwortungs-Dialoge verbessern?

4. Was kann man jetzt und was mittelfristig tun?

5. Wenn Ambitionen von Organisationen oder Protagonisten nicht befriedigt werden können, können sie dann angepasst werden?

6. Welche Optionen können unter den aktuellen Bedingungen vorgeschlagen werden?

7. Wie können Protagonisten sich und andere schützen?

Ob und inwieweit Professionelle und eine Organisation zu Reifegradprüfungen und Reifegrad-Gesprächen bereit sind, ist selbst ein Kriterium für Reifegrad.

7.   Gemeinsam Lernen

"Lernkultur" ist ein Containerbegriff, definiert als derjenige Teil der Kultur, der sich mit Lernen beschäftigt. Containerbegriffe vermitteln ein unmittelbares Gefühl des Wissens, obwohl es ganz unterschiedliche Perspektiven und Vorgehensweisen gibt, die identifiziert, ausgewählt und integriert werden müssen. Der Blick auf Lernkultur bedeutet, Strukturen, Prozesse, Erfahrungen, Verhaltensweisen und Ereignisse aus der Perspektive des Lernens zu betrachten. Es ist eine spezifische Perspektive, um sich komplexer Realität zu stellen, die andere Perspektiven wie Finanzen, Führung, Effektivität usw. im Rahmen von Leistungserbringung ergänzt.

Zu Lernkultur gehören Gewohnheiten und Kompetenzen jedes Einzelnen, die durch Regeln des gemeinsamen Lernens unterstützt und so zu Gewohnheiten der Lernsysteme werden. Hierzu gehören Tugenden auf Seiten der Lernenden, auf Seiten der Lehrenden wie auf Seiten der Bildungs-Organisation.

Beispiele für Komponenten einer hochwertigen Lernkultur

Auf Seiten der Lehrenden:

1. **Didaktische Verantwortung**: Die Lehrenden haben einen Plan und geeignete Vorgehensweisen für die Umsetzung in den Lernprozessen.

2. **Persönliche Autorität** in der Anleitung von Lernprozessen: Die Lehrenden stehen glaubhaft persönlich für die Inhalte und vermittelten Werte ein.

3. Bereitschaft und Fähigkeit zur **Begegnung**: Die Lehrenden lassen sich auf persönliche Begegnungen mit den Lernenden ein.

Auf Seiten der Lernenden:

4. **Fokusdisziplin, Rollendisziplin, Zeitdisziplin**: Jeder diszipliniert sich, das für ein Lernsetting vereinbarten Thema zu verfolgen, die Rollen auszufüllen und die Zeiteinteilungen einzuhalten.

5. Bereitschaft zur **Lernpartnerschaft**: Jeder bringt eigene Lernanliegen ein, übernimmt Verantwortung für das gemeinsame Lernen und unterstützt andere.

6. Bereitschaft zu **Resonanz**: Jeder bietet anderen ehrlich und taktvoll Feedback Spiegelung zum aktuellen Stand und zu anstehenden Entwicklungen.

Auf Seiten der Bildungsorganisation:

7. **Programm-Verantwortung**: Organisationsabläufe und die Beiträge von Lehrenden und anderen Mitgestaltern bilden zusammen ein für Lernende förderliches Programm.

8. **Transparenz und Dialog-Bereitschaft**: Zwischen allen wird zu Programmen, Vorgehensweisen und Verhalten konstruktiv und auf Augenhöhe Dialog gehalten.

9. **Verabredungstreue**: Verabredungen gelten nicht nur der Form, sondern auch ihrem Sinn nach. Änderungen bedürfen aktiver Neuverabredung.

10. **Kommunikations- Zuverlässigkeit**: Jeder übernimmt Verantwortung, dass andere angemessen informiert werden und Kommunikation einen befriedigenden Abschluss findet.

Die Lernkultur in einem Unternehmen umfasst
Lern-Philosophy, Lern-Policy und tägliche Lernpraxis.

Es geht um Programme, Investitionen, den Stil und die Qualität von Kommunikation, Einstellungen usw., was zusammen beschreibt, wie Lernen in dieser Organisation gehandhabt wird. Lernkultur geht deutlich über die Summe individueller Lernvorgänge hinaus, obwohl es letztlich das Individuum ist, in dessen Verhalten und Erfahrung sie sich zeigt.

7.1. Lernen und Arbeiten

In kreativen Berufen bedeutet Arbeiten wenig Wiederholung und das Ausprobieren vieler neuer Varianten. Eine solche Arbeit kann daher weitgehend als ein Lernprozess verstanden werden. Folglich bedeutet Arbeit zu organisieren und zu entwickeln gleichzeitig Organisation von Lernen und Entwicklung von Lernen. Um individuelle, an der realen Arbeit orientierte Kompetenzen zu entwickeln, müssen viele Ansätze integriert werden. Dennoch werden Arbeiten und Lernen nach Ansicht der meisten Menschen immer noch als zwei getrennte Sphären betrachtet. Dann verbleibt die Verbindung von Lernen und Arbeiten als zusätzliche Aufgabe. Alternativ schlagen wir vor, dass sich Entwicklung von Arbeit, von professionellem Lernen und von Organisationen "einen Planeten teilen", als integrative Lernkulturen, die unterschiedliche Weltanschauungen, Kulturen verschiedener Unternehmen und Professionen zusammenfügen.

7.2. Das duale System

In Deutschland hat "duale Ausbildung" d.h. die Kombination von Schullernen und Arbeitsplatzlernen eine lange Tradition. Die Schüler besuchen Schulen oder Seminare, während sie gleichzeitig berufliche Fähigkeiten am Arbeitsplatz entwickeln.

So können sie Anwendungs-Perspektiven ins Klassenzimmer und Schul-Wissen an ihren Arbeitsplatz tragen. Bei der praktischen Ausbildung im Unternehmen kann Lernen näher an die Herausforderungen der Arbeit gebracht werden. Auch der Unterricht im Klassenzimmer kann auf ein Verständnis für die realen Herausforderungen bei aktuellen Themen orientiert werden. Dafür sollten die Verantwortlichen in echter Partnerschaft zusammenarbeiten, um die Didaktik beider Lernsettings in engeren Zusammenhang zu bringen. Dafür lohnt es sich intensiver zu studieren, inwieweit Schullernen zu besserem Arbeiten in beruflichen und organisatorischen Rollen führt und inwieweit das Arbeitsplatzlernen das Schullernen bereichert und herausfordert.

7.3. Paradigmenwechsel

Dennoch steckt Deutschland noch weitgehend in alten Lernkultur-Gewohnheiten. Als Paradigma zu Lernen gilt immer noch, dass Inhaltsvermittlung an erster Stelle stehen muss, und erst dann kommt das Lernen von Individuen oder Systemen und daran anschließend kann kreative Anwendung in einer Vielzahl von Kontexten stattfinden - wenn überhaupt. Die Aufgabe, Wissen in anwendungsbezogene Situationen zu übertragen, mit anderen ergänzenden Kenntnissen zu integrieren und in die Entwicklung und Persönlichkeit des Lernenden oder in fachspezifische Lernkulturen umzusetzen, wird in der Regel den Anwendern selbst überlassen. Doch die Zukunft des Lernens erfordert einen Paradigmenwechsel. Lernkultur steht hier an erster Stelle, Inhalte stehen an zweiter. Kreatives Lernen in anwendungsbezogenen Situationen wird zum Schwerpunkt einer verantwortungsvollen Lernkultur. Didaktik des Lernens und Inhalte werden dafür ausgewählt und integriert.

Das isb als private Akademie setzt sich aktiv für diesen notwendigen und bereits stattfindenden Paradigmenwechsel ein.

Hier stehen nicht nur Inhalte, sondern die Herausforderungen für die jeweiligen Systeme und die Menschen in verschiedenen Rollen und Teams in realen Situationen im Vordergrund. Von hier aus erst wird auf Inhalte zugegriffen. Die dafür entwickelte Didaktik ist eng an den Herausforderungen heutiger Arbeit ausgerichtet. Dabei berücksichtigt didaktische Kompetenz eine Vielzahl von individuellen Lernbedingungen und Stilen und wird zur Weiterverwendung in das Kompetenzportfolio der Teilnehmer integriert. Dieses Lerndesign zielt nicht darauf ab, Lernen auf Fähigkeiten für bestimmte Anwendungen zu redu- zieren. Es erhöht das Bildungsniveau, da es das Verständnis von Prinzipien und Bedeutungen beinhaltet, während reali- tätsnahe Beispiele entwickelt werden. Damit ist die isb- Lernkultur darauf ausgerichtet, persönliche Entwicklung und Bildung über die direkte Anwendung beim dualen Lernen hin- auszuführen.

Ziel des isb ist es, Lernsysteme mit vielen Komponenten anzu- reichern:

Dieselben Menschen, die zusammenarbeiten, sollten auch gemeinsam lernen, dabei jeweils spezifische Problemlösungen finden, kontinuierlich an der Gestaltung von Lernprozessen mitwirken und sich so an eine gemeinsame Lernkultur zu ge- wöhnen. So geschieht individuelles Lernen in Bezug auf spezifi- sche Herausforderungen, während das Lernen mit anderen zu einer eigenständigen Lerngemeinschaft und ihren weiteren Lernergebnissen beiträgt. Dafür wird gemeinsames und selbst- gesteuertes Lernen gefördert, wann immer dies erforderlich ist. Inhaltswissen ist immer noch wichtig, aber zweite Priorität. Zunächst ist das Verständnis wichtiger, wie eine Lektion in einem selbstorganisierten Modus gelernt werden kann.

Erst dann wird gefragt, welche Inhalte aus welchen Quellen eingefügt werden sollen. Heutzutage steht allen eine Fülle von

Wissen und Inhalten zur Verfügung. Der Zugriff, die Auswahl und die Gestaltung von Informationen machen den Unterschied. Im Großen und Ganzen sind in einem lerninteressierten System bereits viel Wissen und Talent vorhanden. Aber wie werden diese Informationen untereinander verfügbar gemacht und in die derzeit erforderlichen Lernschritte umgesetzt? Meistens geht Lernen Hand in Hand mit der Verbesserung von Zusammenarbeit. Warum nicht dieses Lernen gleich zwischen denjenigen initiieren, die ohnehin zusammenarbeiten?

Es kann davon ausgegangen werden, dass im Berufsleben ca. 90% Lernen nicht von Lehrern oder Lernspezialisten organisiert oder begleitet wird. Daher kann explizit stattfindendes Lernen (die restlichen 10 %) nur aus Beispielen bestehen. Ausgehend von Lernprozessen anhand von Beispielen müssen Individuen und Systeme ihr selbstorganisiertes Lernen weiterentwickeln.

7.4. Individuelles und organisationales Lernen

Gemäß den Ausführungen über professionelle Kompetenz (vgl. Kapitel 6) bedeutet gemeinsames Lernen die Kombination individueller Fortschritte innerhalb eines bestimmten Organisationsrahmens. Der Versuch, gemeinsames organisationales Lernen durch individuelles Lernen in separaten Kontexten zu ersetzen, ist nur begrenzt erfolgreich und anstrengend.

Professionelles Lernen in Unternehmen ist ein tägliches Unterfangen und erfordert ein kompetentes Zusammenspiel, das unter drei Überschriften gefasst werden kann:

1.   Personen-Qualifizierung in Bezug auf Systeme

2.   System-Qualifizierung in Bezug auf Personen

3.   Systemlernen

7.5. Personen qualifizieren

Personen-Qualifizierung bedeutet, Individuen mit Rücksicht auf ihre Talente, Ziele und den Grad der Professionalität zu qualifizieren, den sie in der bisherigen Lerngeschichte bereits erreichen konnten. Lernkultur und Didaktik sollten diese persönlichen Eigenschaften einbeziehen. System-Bezug meint die Qualifizierung dieser Person im Hinblick auf ihre Herausforderungen, Rollen und Verantwortlichkeiten innerhalb einer bestimmten Organisation. Lernkultur und Didaktik sollten sich auf Aufgaben, Stil und das Funktionieren eines Teams oder des gesamten Systems dort beziehen.

Betrachtet man beispielsweise die Führungsqualifikation, macht es einen bedeutsamen Unterschied, ob eine Person aus einem autoritären oder antiautoritären Umfeld kommt. Es spielt auch eine Rolle, ob man eine Arbeitsgruppe auf Peer-Ebene informell oder mit formeller Macht leitet, ob man sich persönlich trifft oder die meiste Zeit über Medien in Kontakt steht. Es macht auch einen Unterschied, ob man ein Erfolgs-Team leitet, das an flexible und selbstgesteuerte Arbeit gewöhnt ist, oder ob man ein leistungsschwaches Team leitet, das Gefahr läuft, zu zerfallen. Wenn Lernen die spezifischen Eigenschaften von Individuen und Systemen nicht berücksichtigt, gibt es wenig Chancen, Führung zu verbessern.

7.6. Systeme qualifizieren

System-Qualifizierung bedeutet deshalb, eine Vorstellung davon zu haben, was beispielsweise eine Abteilung lernen muss, um zu funktionieren, und wie das in einem gemeinsamen Prozess gelernt werden kann.
Lernkultur und Didaktik sollten die Herausforderung und die Lücke zwischen dem Status quo und der erforderlichen Ziel-

qualifikation mitberücksichtigen. Auch Strukturen, Prozesse und Umstände, unter denen das Lernen organisiert werden muss, müssen berücksichtigt werden. Personen-Bezug meint Berücksichtigung der verschiedenen Persönlichkeiten, auf die sich beabsichtigte Lernprozesse beziehen. Verstehen diese Menschen, warum sie etwas tun? Sind sie persönlich motiviert? Inwieweit können sie auf bestehenden individuellen oder gemeinsamen Lernerfahrungen und -fähigkeiten aufbauen?

Betrachten wir die vertikale Teamentwicklung aus dem Beispiel in Kapitel 5.6). Hier sollte eine klassische Bankabteilung für den Handel mit modernen Bankprodukten qualifiziert werden. Dafür macht es einen Unterschied, ob die notwendigen Einrichtungen, Arbeitszeitregelungen, Produktkenntnisse, IT-Support, Beratungskompetenz und Material vorhanden sind oder nicht. Darüber hinaus kommt es darauf an, ob es eine reale Chance gibt, dass Kunden unter den neu definierten Bedingungen tatsächlich ein Interesse an den neuen Produkten entwickeln. Der größte Unterschied ergibt sich jedoch daraus, ob die den neuen Produkten zugeordneten Mitarbeiter das Interesse und die Fähigkeit haben, neue Rollen zu lernen, neue Identitäten zu entwickeln, sich von dieser Art der beruflichen Bereicherung angezogen zu fühlen, einschließlich der Aussicht, dafür Anerkennung zu erhalten. Sind sie bereit, ihre Karrierechancen zu verbessern, den neuen Herausforderungen zu begegnen und dafür mit einem geeigneten Partner zusammenzuarbeiten?

Wenn die Verbesserung eines Systems gut konzipiert ist, aber die verfügbaren individuellen Qualitäten nicht respektiert werden, kann das Ergebnis für das Unternehmen insgesamt enttäuschend sein.

7.7. System-Lernen

Intelligentes offenes Seminarlernen ist geeignet, um persönliche Qualifikationen für die Teilnehmer zu erreichen. Doch wie geeignet ist es für das Qualifizieren seiner Teams back home? Wenn es ein gemeinsames Verständnis darüber gibt, was Menschen in Bezug auf ihre Rollen in der Organisation lernen müssen, und wenn es eine HR-Strategie gibt, wie dieses Lernen gefördert werden soll, bietet individuelles Lernen eine gute Grundlage für die Entwicklung eines kompetenten Systems. Doch kann jeder beobachten, wie begrenzt die Wirkung ist auf die direkte Verbesserung von Teams, auf notwendige Veränderungen und OE sowie auf den Aufbau einer Kultur des selbstgesteuerten Lernens im Unternehmen. Hier ist System-Lernen angesagt.

Man könnte die Situation mit dem Erlernen neuer Lieder und neuer Gesangsformen im Chor vergleichen. Ausgangslage: Die alte Sing- und Übungspraxis hat sich abgenutzt. Man schickt einzelne Mitglieder zu verschiedenen Seminaren, doch auch wenn sie inspiriert zurückkehren, kann man kaum erwarten, dass sie den Chor zu einer neuen Singweise bewegen können. Dafür sind sie mit dem Gelernten zu wenig vertraut und verfügen nicht über Erfahrung und Position eines Chorleiters. Wenn mehrere Chormitglieder an denselben Seminaren teilnehmen, sind die Chancen schon besser. Wenn der gesamte Chor - oder zumindest eine kritische Anzahl von wichtigen Sängern - gemeinsam etwas Neues lernen, sind die Chancen hoch, dass der Chor danach auf die neu entdeckte Weise singt.

Hier greift der "System-Lerneffekt". System-Lernen kombiniert Personen-Qualifizierung und System-Qualifizierung in vielerlei Hinsicht. Dies ist in Abb. 20 dargestellt.

System-Lernen umfasst viele Aspekte des Lernens, die in diesem Buch beschrieben werden.

Es umfasst verschiedene systemische Denkweisen, d.h. Begriffe (z.B. Führung als Kette oder Netzwerk) oder Ziele (z.B. Aufbau einer Verantwortungskultur), Strukturen (z.B. Verbindung zwischen OE und PE), Prozesse (z.B. Beispiele und Ableitung von Prinzipien) oder Werte (z.B. Nachhaltigkeit durch die Sorge um Aufgaben und Menschen) etc.

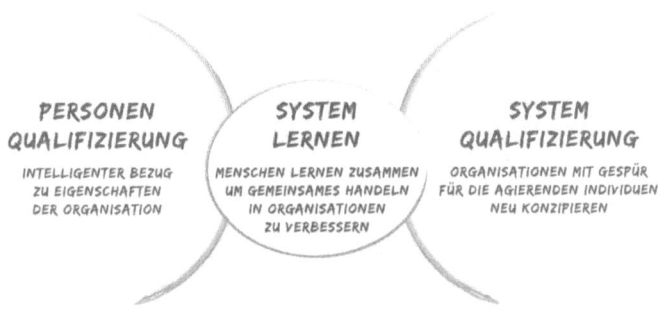

Abb. 20:   System-Lernen (Schmid 2017)

Dabei kann System-Lernen unter vielen Aspekten betrachtet werden.

Aspekte von System-Lernen:

1. **Team-Lernen** - diejenigen, die Verantwortung für eine Zusammenarbeit in der Organisation teilen, identifizieren ihre Lernbedürfnisse. Sie organisieren Räume für gemeinsames Lernen mit anfänglicher Unterstützung durch Moderatoren bei Bedarf.

2. **Lernen in Rollen** - im Lernprozess übernehmen die Spieler ihre Rollen in einem Team oder der Organisation und behalten sie bei. Aus den Rollen konzentrieren sie sich auf Selbststeuerung, Aufgabenorientierung und das Zusammenspiel von Rollen.

3. **Aufgabenorientiertes Lernen** - Beispiele aus der Praxis werden als Lernmaterial verwendet. Sie sollten von begrenzter Größe sein, damit Lernen leicht ist und die Aufmerksamkeit auf den Lernprozess hoch bleibt. Aufgabenorientiertes Lernen konzentriert sich dabei auf das Lernen, nicht auf die Aufgabenerfüllung.

4. **Verbesserung der Lernprozesse** - Die aufgabenorientierten Phasen sind auf Lernen zu Leistungsprozessen ausgerichtet ist. Daneben organisiert das Team Reflexionsphasen, in denen der Lernprozess selbst sowohl aus individueller Sicht als auch aus Sicht der Interaktion als System betrachtet wird.

5. **Selbstgesteuertes Lernen** - Die Teammitglieder lernen, Methoden und Materialien zum Lernen anzuwenden, damit ein gemeinsamer selbstgesteuerter Lernprozess jederzeit in Eigenregie aktiviert werden kann. Dabei beschränken sich die einen darauf, kompetente Mitglieder einer Lerngemeinschaft zu sein, andere qualifizieren sich als Peer-Moderatoren.

6. **Lernen und Arbeiten** - Lernen wird Teil des Berufsall-
    tags und der Arbeitskultur. Bei Bedarf können explizite
    Lernphasen während der Arbeit aktiviert werden. Je-
    der weiß, wie man den Wechsel zwischen Aufgaben-
    und Lernorientierung in den Arbeitsablauf integriert.

7. **Multiplikation von Lernen** - Lernmethoden auf Peer-
    Ebene können mit Unterstützung von Spezialisten auf
    die gesamte Organisation übertragen werden. Typi-
    scherweise werden sich diejenigen, die so zusammen
    lernen wollen, in wachsenden Kreisen zusammen-
    schließen.

8. **Aufbau einer Lernkultur** - Diese Art von Lernen kann
    als HR-Strategie durch Peers auf andere Abteilungen
    übertragen werden. Ein dafür geschulter Peer-
    Moderator ist mit der Organisation vertraut, hat aber
    nicht direkt gemeinsame Verantwortung.

9. **Berufliche Anreicherung als Lernexperte** - einige
    Professionelle entdecken vielleicht ihre Leidenschaft
    als Moderatoren beruflichen Lernens und verschieben
    sogar ihr berufliches Portfolio dorthin.

10. **Integration in die Personalstrategie** - die Personalab-
    teilung übernimmt nach und nach die Rolle des Men-
    tors für alle Arten von selbstgesteuertem Lernen und
    integriert es mit Seminar-Lernen und Coaching zu ei-
    ner Lernkultur.

11. **Integration in die OE-Strategie** - HR-Spezialisten und
    Verantwortliche für OE, Change, Führung und Unter-
    nehmenskultur werden einander zu Partnern, die ge-
    meinsam Lernen im Rahmen von Organisationsent-
    wicklung verantworten.

12. **Vernetzung als lernende Organisation** - Die Lernkultur wird der Öffentlichkeit als Wettbewerbsvorteil und Partnern als Güte-Kriterium bei Zusammenarbeit präsentiert.

7.8. OE-Lernen

Lernen im Rahmen von Organisationsentwicklung (OE) hat einige Besonderheiten, die wir unter dem Begriff OE-Lernen fassen. Jede Teamentwicklung oder jeder OE-Prozess wird auf verschiedenen Ebenen vor neue Herausforderungen gestellt. Neben neuen Lösungen für aktuelle Probleme sollte es Raum für Verbesserungen innerhalb des Lernprozesses selbst geben. Traditionell wird für diese Art des (Meta-)Lernens - das Entwickeln des Lernens über die Lösung eines Problems hinaus - nicht genügend Zeit und Kapazität einkalkuliert. Es ist nicht ganz leicht, Prioritäten von der aktuellen Problemlösung auf die Qualifikation des (Lern-)Systems zu verlagern. Doch sollte dies auch trotz des Drucks, für aktuelle Probleme direkt Lösungen zu erarbeiten, möglich sein. Anzustrebende Ergebnisse jedes OE-Vorhabens sollten aus 50% Lösung der aktuellen OE-Probleme und 50% Verbesserung und Vervielfachung der OE-Lernkultur bestehen.

7.9. HR-Lernen

Traditionell bedeutete vom Personalwesen organisierte Bildung die Organisation von Seminaren sowie Auswahl und Entsendung von Teilnehmern. HR-Lernen kann jedoch weit darüber hinausgehen. Klassische Trainer konzentrieren sich oft auf Inhalte und allgemeine Kompetenzen, die nicht unbedingt den Verhaltens- und Kulturstandards des Unternehmens entsprechen. Auf diese Weise bleiben "Transferprobleme", weil die

Menschen nicht in leicht anzuwendendem Verhalten oder in einer unternehmensspezifischen Lernkultur geschult wurden. Sie haben keine gemeinsame Lernkultursprache erworben, die es ihnen erleichtert, befriedigend gemeinsam weiter zu lernen. Neben fragmentierten Kompetenzen übernehmen sie auch fragmentierte Lernkulturen. Doch müssen Lernkultur-Unterschiede überwunden werden, sonst sind Interaktion und Lernen innerhalb eines Unternehmens wenig effektiv. Personalabteilung haben oft mit inkompatiblen Begriffen, Modellen, Ansätzen, Formaten, Überzeugungen, Prioritäten usw. zu kämpfen. Inkonsistenzen und Kommunikationsprobleme werden oft zu Unrecht Inhalten oder Beziehungen zugerechnet, obwohl sie tatsächlich mehr von unterschiedlichen Ansätzen und Lernstilen herrühren. Es ist wahrscheinlicher, dass man von unterschiedlichen individuellen Lernstilen und Persönlichkeiten profitierten kann, wenn eine gemeinsame Lernkultur eingeführt ist. Der Umgang mit Unterschieden kann für Lernkulturen durchaus fruchtbar sein, aber nur, wenn Integration gestaltet wird.

Ein erfahrener Lerner und Lernpartner zu sein, bereitet Befriedigung und ein positives Selbstwertgefühl. Einige Professionelle entdecken sogar, wie talentiert sie als Lernbegleiter für andere sind, und können interessiert sein, sich weitergehend an der Lernkultur ihres Unternehmens zu beteiligen und ihrem Kompetenzportfolio die Rolle eines Lernbegleiters oder Organisations-Coaches hinzuzufügen. Einige Unternehmen nehmen solche Qualifikationen sogar in Stellenbeschreibungen auf und schaffen so einen Binnenmarkt für diese Tätigkeiten. So bildet ein deutsches Softwareunternehmen beispielsweise Mitarbeiter über ihre traditionellen Aufgaben im Unternehmen hinaus zu Coaches und Lernmoderatoren weiter. Diese können dann bis zu 10% ihrer Arbeit Unterstützungs- und Lernkulturdienste im Unternehmen bereitstellen. Dies unterstützt auch abteilungsübergreifendes Lernen innerhalb des Unternehmens und bietet eine weitere Lernmöglichkeit für das System.

7.10. Externe Anbieter

Wenn ein Unternehmen die oben genannten Aspekte des OE-
und HR-Lernens in eine Lernkulturstrategie integriert, trägt
dies optimal zu einer Ressourcenschonung bei. Die Integration
einer High-End-Lernkultur ist für Funktionalität und Zukunfts-
orientierung ebenso wichtig wie die Integration eines High-
End-IT-Systems. Je mehr die HR- und OE-Abteilungen Verantwortung übernehmen und solche Dienstleistungen tatsächlich
erbringen, desto besser für das Unternehmen. Werden externe Anbieter eingebunden, ist es wichtig, dass sie die gleiche
Lernkultur teilen. Manchmal müssen große Schritte unternommen werden, und es bedarf vieler externer Mitarbeiter,
um eine Entwicklung voranzutreiben und Lernen zu forcieren.
Dann können Irritationen auftreten, wenn die dabei importier-
ten Kulturvorstellungen kaum mit der bestehenden Lernkultur
kompatibel sind. Zusätzliche Anbieter sollten nur insoweit
einbezogen werden, als sie die Lernkultur wirklich teilen und
sie durch „Kultur-Insider" sorgfältig vorbereitet und begleitet
werden können. Je mehr solche Kultur-Insider bereit sind,
dafür Kapazität zur Verfügung zu stellen, desto mehr können
sie zu einer positiven Zusammenarbeit von Internen und Externen beitragen.

Einige externe Bildungssysteme, wie z.B. das isb, bieten spezifische Curricula, um das Fachwissen für den Aufbau einer systemischer Lernkultur in Unternehmen bereitzustellen. In externen oder internen Curricula bieten sie Lerninseln an, die exemplarisch für den zu fördernden Bereich sind. Abb. 19 veranschaulicht diese Idee. Die Curricula des isb sind als Inseln konzipiert, auf denen sich die Teilnehmer als Experten für den Aufbau von Unternehmens-Lernkultur qualifizieren und Teil eines Netzwerks von Gleichgesinnten werden können. Gemäß dem isb-Slogan „Mehr als Weiterbildung" wird den Absolventen ein umfassendes Unterstützungssystem zur Verfügung gestellt.

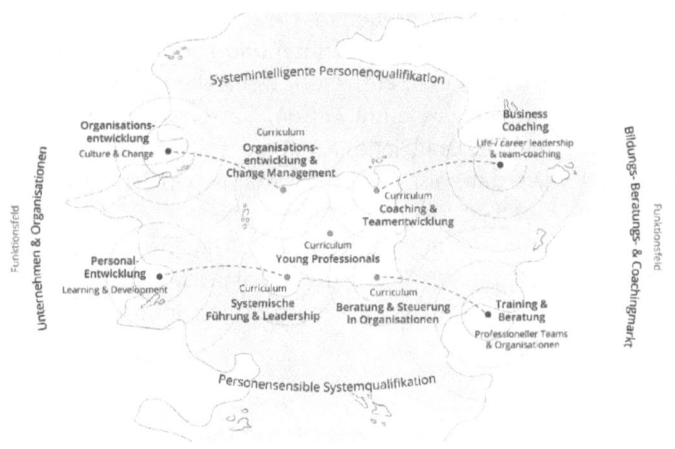

Abb. 21: isb Lerninsel

8.   Gemeinsame Mindsets für OE und Coaching

In den letzten Jahrzehnten sind Organisationsentwicklung (OE) und Organisationscoaching (OC) zu wichtigen Ansätzen geworden, wenn es um Entwicklung von Organisationen und ihren Mitgliedern geht. In diesem Feld haben sich einige Moden entwickelt, die mal mehr oder eben auch weniger mit dem isb-Ansatz übereinstimmen. Zur Klärung soll in diesem Kapitel unser Verständnis von OE und OC erläutert werden.

In Übereinstimmung mit allen modernen systemischen Ansätzen verstehen wir OE und OC nicht als vordefinierte Sets von Tools und Lösungen. Wir verstehen darunter Beschreibungen, Einstellungen, Denkweisen, Vorgehensweisen, Stile und das Organisieren von Ereignissen. Folglich ist es nicht das Setting, das Konzept oder das Werkzeug, das bestimmt, ob OE oder OC und der isb-Approach zusammenpassen. Dennoch investieren wir nicht in übertriebene Einzigartigkeit und Polarisierung, sondern akzeptieren ein Spektrum an vernünftigen Ansätzen und positionieren uns so, dass Zusammenwirken leicht wird. Wir unterstützen die Idee: "Es ist nicht der Hammer, der den Handwerker ausmacht, obwohl ein Hammer für einen bestimmten Zweck mehr oder weniger nützlich sein kann".

Wie in Kapitel 5 erläutert, gehen wir davon aus, dass Organisationen aus Menschen in ihren Organisations-Rollen bestehen und diese jeweils ihr eigenes Verständnis von der Organisation haben. Von ihren Verständnissen von Wirklichkeit und Organisation sind Leistung, Entwicklung und Kultur der Organisation abhängig. Deshalb ist der Dialog mit den Menschen wichtig. Was vermittelt werden soll, muss, wenn nötig, über Dialoge geschehen. Wird das durch Engpässe blockiert, bleiben oft nur noch Schemata und Stimmungen übrig.

8.1. Dialogische OE

Im isb wird OE als die Entwicklung menschlicher Systeme für die aktuelle und zukünftige Leistung eines Unternehmens definiert. "Dialogisch" bedeutet "durch Kommunikation" zwischen denen, die zusammen als die Organisation agieren. Dialogische OE bedeutet also OE durch Kommunikation. Das Label "Dialogic OD" wurde von Gervase Bushe und Robert Marshak eingeführt. Sie kontrastierten es mit "Diagnostic OD", d.h. einem Label für Ansätze, die Lösungen von außen in ein Unternehmen einbringen. Basierend auf einer modernen Denkweise, die wir systemisch nennen würden, schaffen Bushe, Marshak und ihre Co-Autoren eine Theorie und Praxis der OE, die sich auf den Dialog konzentriert, aber die Integration vieler klassischer, populärer und erfolgreicher OE-Ansätze ermöglicht. Wir teilen die meisten ihrer Ideen, doch wurde der isb-Ansatz unabhängig davon entwickelt und veröffentlicht. Nachfolgend wird ein kurzer Überblick dazu gegeben, der für OE einen Eindruck vom systemischen Denken, von Ansätzen und Vorgehensweisen des isb vermittelt.

8.2. isb-Perspektiven auf OE

8.2.1. Der Mensch im Mittelpunkt

OE bedeutet die Entwicklung menschlicher Systeme. Wie in Kapitel 5 beschrieben, hängt die Beschreibung einer Organisation davon ab, worauf ein Beobachter fokussiert. Wenn man sich auf Strukturen und Prozesse konzentriert, läuft man Gefahr, sie in den Vordergrund und die Menschen im Hintergrund zu stellen. Das isb konzentriert sich auf die Menschen, die ein Unternehmen betreiben, also auf ihre Rollen und Verantwortlichkeiten, ihre Kompetenzen und Verhaltensweisen.

Strukturen und Prozesse werden in diese Dimensionen einge-
ordnet und das Zusammenspiel bei menschlicher Wirklichkeitsgestaltung wird als wesentlich angesehen.

8.2.2. Verknüpfung mit Kulturentwicklung

OE ist unweigerlich mit Kultur-Entwicklung (KE) verknüpft, da
die Art und Weise, wie Menschen sich organisieren und interagieren, entscheidend ist. Die bewusste und unbewusste Art
und Weise sowie die Regeln für die gemeinsame Wirklichkeits-
Gestaltung sind in unserem Verständnis das, was Kultur ausmacht. Das Verhalten von Menschen kann nicht verstanden
und nicht wirklich beeinflusst werden, ohne ihre individuelle
und gemeinsame Kultur zu berücksichtigen. Kulturelle Dimensionen können nicht ignoriert werden, wenn neue Wirklichkeiten gelebt werden sollen. Systemische Organisationsentwicklung ist also in der Regel auch Kulturentwicklung.

8.2.3. Prinzipien, Einstellungen und Perspektiven

OE wird durch Prinzipien, Einstellungen und Perspektiven definiert und nicht durch "How-to-Formeln". Wenn wir uns die
Vielzahl der möglichen Situationen von OE in Rechnung stellen,
erweisen sich schematische Lösungen als unpassend. Die Menschen müssen innerhalb definierter Rahmenbedingungen ihre
eigenen Lösungen finden, die auf eine Vielfalt von Optionen
anwendbar sind.

Prinzipien, Einstellungen und Perspektiven geben Hinweise,
wie dies funktionieren kann und welche Optionen es gibt.
Spezifische Beschreibungen können dafür als Vorgaben selten
ausreichen, sondern dienen bestenfalls als Beispiele für Prinzipien.

Einige prominente Beispiele sollen nachfolgend eine Kostprobe für die vorgeschlagene kulturelle Ausrichtung geben.

Beispiele für Vorgehens- Empfehlungen bei Organisations-Projekten:

1. *Definiere Rahmenbedingungen* und *kläre Kontrakte* mit den Zuständigen. Mach Ihnen deutlich, dass auch sie Verantwortung tragen und für wie lange im Prozess ihre Unterstützung benötigt wird. Zu viele Feuer erlöschen unversorgt, nachdem sie als Strohfeuer gestartet wurden.

2. Berücksichtige die Reifegrade von Individuen und Organisationen (vgl. Kapitel 6.7.). (Meide die Versuchung, weiter springen zu wollen, als Du und Dein Pferd können.)

3. *Reduziere Komplexität* auf ein tragbares und kontrollierbares Minimum. Initiiere einfache, aber nie übertrieben vereinfachte Dialoge zu Maßnahmen und geeigneten Schritten in die richtige Richtung.

4. Toleriere so *wenige Treibhauseffekte* wie möglich. Treibhauseffekte mögen betören, wecken aber unrealistische Erwartungen und führen zu Frustration bei denen, die versuchen, dasselbe unter „Freilandbedingungen" zu wiederholen. Enttäuschte Illusionen können „verbrannten Boden" hinterlassen.

5. Organisiere dich so, als würdest du dich auf einen Langstreckenlauf vorbereiten.

6. Schone Energie, investiere 1/3 in die aktuelle Leistung, 1/3 in die Erhaltung des zukünftigen Geschäfts und 1/3 in die Pflege der Menschen.

7. Stelle sicher, dass *realistisches Timing* und *schrittweises*

Vorgehen gewährleistet werden können. Der Aufbau einer nachhaltigen Kultur erfordert Zeit und Wiederholungen, die endlos erscheinen mögen. Menschen lernen leichter, was sie schon bald umsetzen können.

8. Finde Dein *ausgewogenes Tempo* wie ein Seiltänzer zwischen zu schnell und zu langsam. Ein gewisses Tempo kann zwar für das Thema optimal sein, muss aber an den Stil von Unternehmen und Dienstleister angepasst werden.

9. Befolge bei allen Prozessen Deine kulturellen Prinzipien. Es ist eine Illusion zu glauben, dass man schnell und unsauber anfangen und später Kultur nachrüsten kann. (vgl. Einführung). Schnell und schmutzig bleibt meistens schmutzig.

10. Sorge für ein gemeinsames Verständnis Deiner Ausgangssituation und Absichten, bevor Du beginnst.

11. Diskutiere Fragen zu wichtigen Umständen und Vorgehensweisen der Maßnahme. (Beispiele im nächsten Abschnitt)

Fragen zur Einschätzung geplanter Vorhaben:

1. Was ist der Gesamtkontext, in dem wir beginnen?

2. Was sind unsere Hauptabsichten?

3. Wie wird sich unsere Situation nach dem Projekt verbessert haben?

4. Wie können wir Beispiele und Experimente für weitere Studien erstellen?

5. Was sind unsere Hauptstärken und welches Lernen ist notwendig?

6. Wie sind wir drauf? Welche Reserven haben wir?

7. Wie können wir Lernen unterwegs organisieren?

8. Wie können wir die integrieren, die am Ende die Verantwortung zu tragen haben?

9. Sind wir realistisch in unseren Schätzungen von Zeit, anderen Ressourcen und Bedingungen?

10. Wie und wann werden wir diejenigen einbeziehen, die wir später für das Rollout benötigen?

Versuchen Sie, Beispiele dafür zu erzeugen, wie die Zukunft aussehen soll. Organisieren Sie Prototypen als Lernexperimente und laden Sie die Leute ein, "Studiengruppen" zu bilden. Überlegen Sie Schritte, die angemessen sind, falls Sie das Projekt stoppen müssen. Wählen Sie eine Architektur, die innerhalb der Kultur des Unternehmens multipliziert werden kann. Anstatt mit dem gesamten System zu experimentieren, sollten Sie einen Prototyp entwickeln, der nach und nach in die Breite ausgedehnt werden kann, wenn es funktioniert.

8.2.4. Methoden für Kooperation und Lernen

Als isb-Ansätze werden solche OE- und OC-Methoden verwendet, die Einzelpersonen, Teams und Systeme gleichermaßen bei weiterer Entwicklung unterstützen. Andere Ansätze sind meist weniger ökonomisch, weil sie erhebliche Übersetzungs- und Ankoppelungsanstrengungen erfordern. Wie in Kapitel 7 beschrieben, ist dies eng mit dem gemeinsamen Lernen verbunden. Andere Methoden zur Beschreibung von Organisationen und deren Entwicklung können und sollten sicherlich integriert werden, bleiben aber so lange im Hintergrund, bis sie wirklich gebraucht werden.

Einige Methoden für Kooperation und gemeinsames Lernen wurden bereits erwähnt, wie z.B. Dialoge über Verantwortung (vgl. Kapitel 3), über Reife (vgl. Kapitel 6.7), über Kompetenzen (vgl. Kapitel 6.3 und 6.4) und über Passung (vgl. Kapitel 6.5). Dann gibt es Team-Events aller Art und das Team-Event Steuerungs-Dreieck (vgl. Kapitel 5.5). Insbesondere in vertikalen Teams (vgl. Kapitel 5.6) ist der Umgang mit Führungsaspekten (vgl. Kapitel 4.8) integriert. Das isb bietet ein breites und reichhaltiges Repertoire an Settings, Methoden, Übungen und Tools als Shareware, von denen viele in Englisch verfügbar sind.

8.3.   Hologramm und Scheinwerfer-Metapher

Nichts ist so praktisch wie eine gute Theorie (Kurt Levin). Sicher ist dem zuzustimmen. Obwohl die nächsten Kapitel (8.3 - 8.6) bedeutsame Implikationen für Wirklichkeitsgestaltung haben, könnten sie manchem auf den ersten Blick schwer zugänglich scheinen. Wer sich schwer tut, kann direkt mit Kapitel 9 fortfahren.

Unsere Perspektiven bestimmen, was wir sehen. Und doch: Eine Rose ist eine Rose ist eine Rose ist eine Rose. Einverstanden. Aber eine Rose ist etwas anderes, wenn sie von einem Gärtner betrachtet wird, der an den richtigen Boden denkt, oder von einem Kind, das sie pflücken will, ohne verletzt zu werden, oder von einer Ameise, die Läuse auf ihr kultiviert, oder von einem Liebhaber, der Eindruck machen will.

Es ist dieselbe Rose, und doch verschieden je nach Kategorien und Interessen derer, die sich auf sie beziehen. Dies soll im nächsten Abschnitt illustriert werden.

Scheinwerfer-Metapher

Am isb werden Betrachtungsweisen mit der Scheinwerfer-Metapher veranschaulicht. Betrachtungsweisen sind Scheinwerfer, die auf ein Objekt oder ein Ereignis gerichtet werden.

Um Informationen zu erhalten, sollte man solche Scheinwerfer wählen, die auch zeigen, was betrachtet werden soll. Dafür lernt man zu verstehen und zu entscheiden, welche Scheinwerfer welchen Unterschied machen. Man lernt, unnötige oder störende Scheinwerfer auszuschalten, da wichtige Kontraste durch zu viel oder falsches Licht gestört werden. Es ist weder notwendig noch wirtschaftlich, (zu) viele Scheinwerfer gleichzeitig zur Verfügung zu haben oder einzuschalten. Aber man muss intelligente Entscheidungen treffen.

Wer Scheinwerfer und ihre Ausrichtung allein nach Gewohnheit wählt, wird nichts Neues sehen, auch wenn dies dringend nötig wäre. Man kann lernen zu erkennen, welche Scheinwerfer zeigen, was hervorgehoben werden soll und was nicht. Und wenn man feststellt, dass Scheinwerfer fehlen, kann man identifizieren, welche neu zu installieren und einzuschalten sind. Scheinwerfer können auf neue Weise kombiniert werden, um spezifischen Interessen gerecht zu werden, wie z.B. den des Gärtners mit dem der Ameise auf der Rose oder den des Liebhabers mit dem des Kindes.

Wenn eine Gemeinschaft in ihrer Wirklichkeitssicht neue Wege finden soll, müssen dafür neue Scheinwerfer eingeführt sowie flexible Ein- und Ausschaltfunktionen installiert werden.

Die Hologramm-Metapher

Die Metapher von blinden Menschen, die sich einem Elefanten aus verschiedenen Richtungen nähern, ist vielen bekannt.

Es scheint, als ob sie von verschiedenen Kreaturen sprechen, die dennoch alle „Elefant" heißen. Aus einer Metaperspektive versteht man, warum und aus welchen Perspektiven dieser Eindruck entsteht.

Die Verwendung eines Hologramms als Metapher bietet die gleiche Einsicht, aber auf eine anspruchsvollere Weise:

Ein Hologramm ist eine dreidimensionale Darstellung eines beliebigen Elements, z.B. eines menschlichen Körpers, der aus allen Richtungen betrachtet wird. Obwohl alle Informationen präsent sind, ergeben sich aus verschiedenen Perspektiven unterschiedliche Darstellungen, je nachdem, was in den Vordergrund und was in den Hintergrund gestellt wird. Informationen im Hintergrund bleiben dort, ohne gelöscht zu werden, sind aber weniger fokussiert. Die Darstellungen variieren je nachdem, wie der Beobachter seine Position ändert.

8.4.   Randschärfe und Kernprägnanz

Professionelle sind oft in unproduktive Diskussionen verwickelt, weil sie unzureichend miteinander klären, wovon sie sprechen. So wollen die Vorstände beispielsweise entscheiden, ob eine Teamentwicklung zur Lösung von Kooperationsproblemen beitragen kann und daher Teil der OD-Strategie des Unternehmens sein soll. Wenn sie darüber diskutieren, definieren sie ihre Items gar nicht oder so, dass es nicht zu einem gemeinsamen Verständnis führt. Um Wege zu einem gemeinsamen Verständnis zu erreichen, möchte ich ein Meta-Modell vorstellen, das Definitionen klarer und nützlicher macht.

In diesem Konzept werden randscharfe Definitionen von kernprägnanten unterschieden. Für wissenschaftliche Klarheit ist eine randscharfe Definition geeignet, da sie Grenzen zwischen den zu unterscheidenden Begriffen zieht. Was zum einen Begriff gehört kann nicht gleichzeitig zu einem anderen gehören.

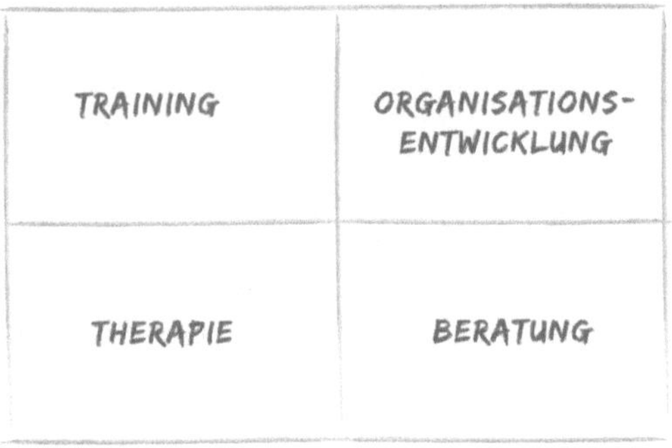

TRAINING	ORGANISATIONS-ENTWICKLUNG
THERAPIE	BERATUNG

Abb. 22: Topografische Darstellung von randscharfen Definitionen (Beispiel) (Schmid 2007)

Für kulturelle Zwecke ist jedoch eine kernprägnante Definition geeigneter, da es wichtiger ist, Bedeutung zu verstehen, Beschreibungen zu finden, die ein Verständnis für das Wesentliche wecken. Dafür wird akzeptiert, dass sich die Geltungsbereiche der Begriffe an den Rändern überschneiden.

Wenn dieser Gedanke zum Beispiel auf Identität angewendet wird, entsteht ein Selbstbild nicht durch Unterscheidung, und schon gar nicht durch Ausgrenzung, sondern durch die Zusammenstellung von Merkmalen für diese Identität. Andere Identitäten können teilweise die gleichen Merkmale beanspruchen. Bei dem Versuch, Psychotherapie von Beratung zu unterscheiden, zum Beispiel, könnte es zu besonderen Ausschlusskriterien kommen, wie z.B. "keine Behandlung von psychischen Störungen in der Beratung" (A) oder "keine

Sachinformation oder Training in der Therapie " (B). Tatsächlich können jedoch Aspekte psychischer Störungen auch bei Beratungspatienten zeigen und es muss mit ihnen umgegangen werden, obwohl sie nicht der eigentliche Fokus waren. Umgekehrt kann eine Therapie wegen dem Fehlen wichtiger Sachinformationen oder Fertigkeiten ins Stocken geraten, so dass eine Anreicherung in beiden Fällen sinnvoll oder gar entscheidend sein kann.

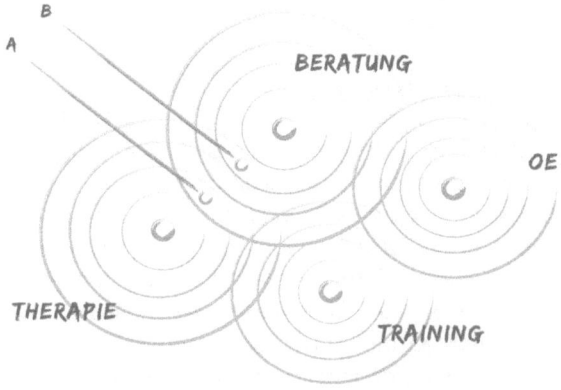

Abb. 23: Überlappende, kernprägnante Definitionen (Beispiel: A= Umgang mit psychischen Störungen, B= Sachinformationen und Fertigkeiten) (Schmid 2007)

Im Wesentlichen unterscheiden sich Therapie und Beratung nicht dadurch, was als Element akzeptiert ist und was nicht, sondern in der Art und Weise wie mit den Dingen umgegangen wird und in welchen Kontext sie eingebettet werden. Wenn Therapeuten und Berater weniger über Grenzen und mehr über typische Aspekte ihrer Tätigkeit und ihr Verständnis der Auswirkungen sprechen, ist es leicht, ihr jeweiliges Selbstverständnis zu verstehen.

115

Überschneidungen verwirren ihre Identität und Kompetenz nicht, sondern schaffen vielmehr Möglichkeiten zur Zusammenarbeit und Anerkennen der Anliegen "benachbarter Disziplinen".

Die Tradition des randscharfen Denkens ist auch einer der Faktoren, die für die übermäßige Sicherung von Grenzen und Zuständigkeitsbereichen in Organisationen verantwortlich sind. Bildlich gesprochen, werden zu viele Ressourcen in "Absteckung und Sicherung von Terrain" investiert, anstatt das Land zu bewirtschaften und den Raum zu füllen.

Eine andere kulturelle Gewohnheit macht es manchmal schwierig, Identität individuell und positiv darzustellen. Wir denken fälschlicherweise, dass wir uns einer vollständigen, homogenen und widerspruchsfreien Beschreibung von Identität stellen müssen. Da diese "Uniform" selten richtig passt und jede Abweichung begründet werden muss, sind Mehrdeutigkeit und Unsicherheit über unsere Identität die Folge. Wir können differenzierende und manchmal polarisierende Vergleiche mit anderen Identitäten als Ausdruck von Vielfalt begrüßen. Wenn wir uns jedoch eigener Identität nicht sicher sind, könnten wir versucht sein, uns eine „stabile" Position zu verschaffen, indem wir polarisieren. Dies schadet allerdings einer Gemeinsamkeit. Eigentlich könnten wir stattdessen auf ein homogenes professionelles Selbstverständnis verzichten und Identität als ein Mosaik sehen, das einen im Wesentlichen erkennbaren Charakter hat und dennoch in vielen Variationen auftreten kann.

So können "kernprägnante"-Berufsverständnisse mit individuellen Variationen gefunden werden, die keine exklusiven Merkmale für sich beanspruchen. Es gibt kaum etwas, das wir exklusiv für uns beanspruchen können. Wenn wir glauben, dass dies für eine einzigartige Identität notwendig ist, müssen wir anderen eine Qualität verweigern, die wir für uns selbst in Anspruch nehmen. Hier kann eine alternative Konstruktion helfen, bei der die Unterscheidung mehr durch die besondere Kombination von Merkmalen als durch die Einzigartigkeit ihrer Komponenten hergestellt wird.

Bildlich gesprochen: Es ist die Art der Zusammenstellung, die einen Blumenstrauß einzigartig macht, nicht die Behauptung, er sei aus Blumen, die in anderen Sträußen nicht zu finden sind.

8.5.   Perspektiven und Ereignisse

Das Perspektiven- und Ereignismodell bietet einen praxisnahen Rahmen für die in den Kapiteln 8.3 - 8.4 beschriebenen Ideen. Es wurde entwickelt, um Diskussionen über Wandel und OE zu strukturieren und die Unterscheidung zwischen dem Fokus auf Perspektiven und dem Fokus auf Ereignisse zu verdeutlichen (vgl. Beispiel als Scheinwerfer-Metapher Abb. 24).

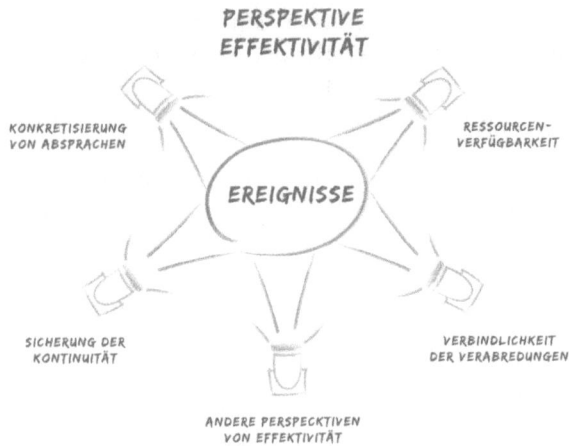

PERSPEKTIVE
EFFEKTIVITÄT

KONKRETISIERUNG
VON ABSPRACHEN

RESSOURCEN-
VERFÜGBARKEIT

EREIGNISSE

SICHERUNG DER
KONTINUITÄT

VERBINDLICHKEIT
DER VERABREDUNGEN

ANDERE PERSPECKTIVEN
VON EFFEKTIVITÄT

Abb. 24: Perspektiven und Ereignisse, Beispiel Effektivität
(Schmid/Messmer 2004)

Betrachten wir das folgende Beispiel:

A: "Wir brauchen definitiv mehr Effektivität in unseren Koope-
rationsprojekten!"

B: "Ich stimme zu. Ich fühle mich unwohl mit unseren monatlichen Meetings zwischen den Abteilungen, die gemeinsame
Projekte haben. Die Besprechungen sollten neugestaltet werden."

A beginnt die Diskussion, indem er die Perspektive der "Effektivität in der Zusammenarbeit" betont. Die Antworten von B
konzentrieren sich auf Organisation und Struktur der "monatlichen Treffen". Dies kann zu Verwirrung führen.

Wenn wir dem Ansatz von A folgen, ist der nächste Schritt, zu
klären, was unter "Effektivität" zu verstehen ist sowie Unterka-

118

tegorien dieser Perspektive und die beabsichtigte Veränderung zu definieren. Dies kann Komponenten beinhalten, wie z.b. ‚Verabredungen konkretisieren', ‚Kontinuität sichern', ‚Ressourcen verfügbar machen', ‚Verbindlichkeit von Verabredungen gewährleisten' und andere. Nach Klärung der wesentlichen Teilperspektiven von Effektivität kann definiert werden, welche Ereignisse im Zeitablauf wie neu organisiert werden müssen, um aus Sicht dieser Perspektiven Verbesserungen zu realisieren. Dies kann eine Vielzahl von Veranstaltungen beinhalten, die für die beabsichtigte Veränderung geeignet sind. Da alle Ereignisse auch anderen Perspektiven dienen, müssen Veränderungen in Sachen Effektivität mit diesen integriert werden, damit diese anderen Perspektiven nicht vernachlässigt werden.

Die gleichen Perspektiven können und sollten auch auf andere Veranstaltungen außerhalb der monatlichen Treffen angewendet werden.

Der Ansatz von B wäre, sich auf eine bestimmte Veranstaltung, wie beispielsweise das monatliche Kooperationstreffen, zu konzentrieren, um Ideen zu generieren, warum das Treffen nicht zufriedenstellend zu sein scheint und welche Änderungen in der Organisation der Veranstaltung als zufriedenstellend angesehen werden könnten. Der nächste Schritt könnte darin bestehen, zu diskutieren, welche dieser Änderungen der einen oder anderen Perspektive am besten dienen. Dadurch könnte entweder das Spektrum der Perspektiven für dieses Ereignis verändert werden, oder das Ereignis selbst könnte so umgestaltet werden, dass es verschiedene Perspektiven bedient.

Auch wenn letztlich dieselben Perspektiven und Ereignisse in den Mittelpunkt der Diskussion rücken, ist die Entscheidung, ob man den Weg über Perspektiven oder über Ereignisse geht, ein taktischer Vorteil.

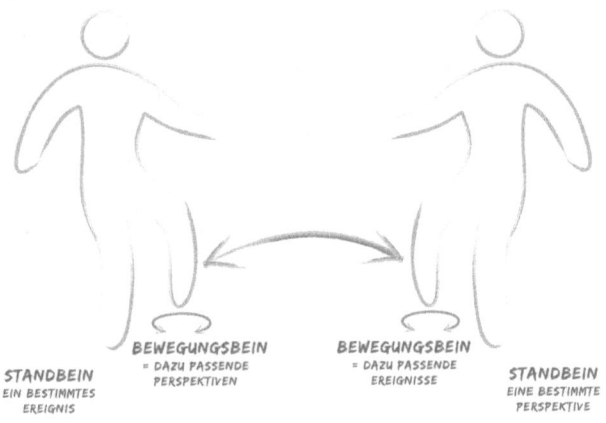

BEWEGUNGSBEIN
= DAZU PASSENDE
PERSPEKTIVEN

BEWEGUNGSBEIN
= DAZU PASSENDE
EREIGNISSE

STANDBEIN
EIN BESTIMMTES
EREIGNIS

STANDBEIN
EINE BESTIMMTE
PERSPEKTIVE

Abb. 25: Perspektiven und Ereignisse in zwei Schritten/im Wechsel schritt (Schmid/Messmer 2004)

Wie in Abb. 25 dargestellt, erfordert das Gehen sowohl das "Bein" Perspektiven als auch das "Bein" Ereignisse. Man sollte vermeiden, mit beiden Beinen gleichzeitig gehen zu wollen und sie dabei durcheinander zu bringen, sondern sie abwechselnd und koordiniert bewegen.

8.6. Systemlösungen und fünf Perspektiven

Abb. 26 zeigt fünf wesentliche Perspektiven, die für die Beurteilung der Validität einer OE-Lösung wesentlich sein können. Dabei ist zu beachten, dass diese Auswahl nicht theoretisch verwurzelt ist, sondern aus der praktischen Diskussion von häufigen Fehlern hervorgegangen ist.

Das Diagramm hilft zu verdeutlichen, ob Systemlösungen und OD-Projekte wichtige Unterschiede in den fünf Perspektiven entsprechend berücksichtigen.

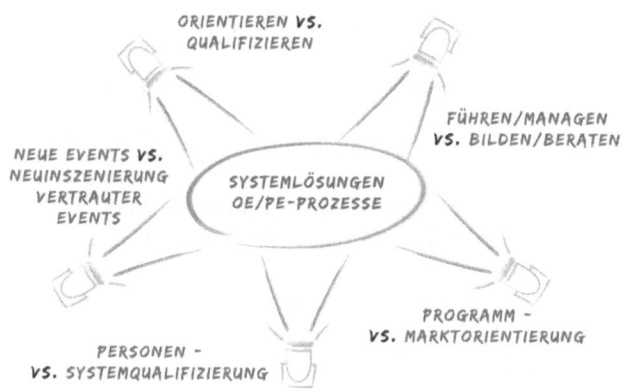

Abb. 26: Fünf Perspektiven auf Systemlösungen und OE-Prozesse (Schmid 2007)

Fünf Perspektiven für System- Lösungen

1. *Personen- versus Systemqualifizierung*

Dieser Unterschied wurde bereits in Kapitel 6.3 und 6.4 erläutert. Wird ein Qualifizierungsansatz auf Einzelne fokussiert, damit sich gleichzeitig das Funktionieren des Systems verbessert, oder zielt er darauf ab, das System zu verbessern, aber auch so, dass Einzelne dabei viel lernen können?

2. *Führen/Managen versus Bilden/Beraten*

Häufig stellen zuständige Führungskräfte, statt ihre Arbeit zu tun, Berater ein und bewirken so offen oder subtil eine Verantwortungs-Verschiebung: Der Berater versucht, den Prozess zu leiten, z.B. ein Team, während der Leiter unter Missachtung seiner Rolle als Ratgeber agiert. Sobald Schwierigkeiten auftreten kann der Prozess wegen Rollenkonfusion nicht mehr funktionieren und keiner von beiden kann erfolgreich sein. Irritationen dieser Art sollten rechtzeitig beseitigt werden.

3. Orientieren versus Qualifizieren

Häufig werden Workshops angeboten, um Menschen zu qualifizieren, da Organisationsveränderungen nicht erfolgreich waren. Bei näherer Betrachtung stellt sich oft heraus, dass die Beteiligten keine klare Orientierung über die beabsichtigten Veränderungen haben, was z.B. einer mangelhaften Entwicklung des Projekts geschuldet ist. Doch kann mangelnde strategische Klarheit nicht durch einzelne Qualifikation ausgeglichen werden, selbst wenn auch hier noch Bedarf ist. Stattdessen sollte auf die Unterstützung durch Verantwortliche für Veränderung bestanden werden. Sie sollten über das Projekt Bescheid wissen und befugt sein, Orientierung zu geben.

4. Neue Events versus Neuinszenierung vertrauter Events

In Zeiten beabsichtigter Veränderungen finden Manager oft Wege, neue Events zu inszenieren, für das, was sie verbessern wollen. Doch werden die Betroffenen von solchen zusätzlichen Ereignissen zunehmend erschöpft. Sie klagen, nicht genügend Zeit zu haben, um ihre reguläre Arbeit zu verrichten, geschweige denn die reguläre Arbeit entsprechend den beabsichtigten Änderungen zu verbessern. Während es meist einfacher ist, für jede Innovation ein neues Event zu schaffen, ist es wichtig, die Herausforderung zu meistern, indem vertraute Events so verändert werden, dass die beabsichtigten Entwicklungen erreicht werden. Das Perspektiven-Ereignis-Modell im vorigen Abschnitt eignet sich als Werkzeug zur Planung und Gestaltung dieses Prozesses.

5. Programm- *versus* Markorientierung

Grundsätzlich sollte jeder interne und externe Anbieter im Sinn einer Marktorientierung für Bedürfnisse seiner Kunden offen sein. Oftmals jedoch haben externe oder interne Anbieter gar keine Policy, was sie auf welcher Ebene anbieten und wie sie Kundenbedürfnisse erfüllen wollen. Einige Dienstleister setzen einfach um, was die Kunden verlangen, anstatt dies mit ihrer Programm-Orientierung abzugleichen. Sie übernehmen beispielsweise bei Teamworkshops die Rollen, die dem Kunden vorschweben. Das kann eine einfache Moderation sein oder die direkte Leitung des Teams etwa bezüglich einer Konfliktklärung oder aber ein Coaching für den Teamleiter, live oder separat. Das eine ist also, was der Kunde nachfragt, das andere die Policy des Anbieters, auf welche Weise Teams unterstützt werden sollen. Übliche Rollen im Team bei Bedarf zu ersetzen, erfordert viel Kapazität beim externen Dienstleister. Will man mit wenig Kapazität größere Effekte erzielen, empfiehlt sich ein Programm, das Kompetenzen im Team selbst nachhaltig erhöht. Z.B. könnten Gruppenleiter nach einer Schulung von Grundfertigkeiten darin unterstützt werden, durch Peer-Supervision zu Fragen in ihren Teams gemeinsam weiter zu lernen und nur bei auftretenden Schwierigkeiten dafür Supervision von Fachleuten zu erhalten.

8.7. Organisationscoaching

Coaching ist ein "Containerbegriff", der viele Arten von persönlichen Gesprächen umfasst, die Menschen helfen sollen, ihre Beziehungen zu verstehen und zu gestalten, Ziele zu erreichen und ein besseres Leben zu führen. Nicht jedes Coaching-Konzept oder jede Coaching-Methode ist für Unternehmen geeignet. Oft handelt es sich eher um Coaching allgemein im Organisationsfeld als um Organisationscoaching.

8.7.1. Was ist Organisationscoaching?

Organisationscoaching konzentriert sich insbesondere auf die Beziehung zwischen Individuen und ihrem professionellen Engagement in Organisationen. Diese Beziehung ist der entscheidende Faktor für Organisationscoaching (OC). Bei OC geht es immer um Lernen, daher sollten Coaches auch Spezialisten für Lernen sein. So wurden viele Aspekte des OC bereits in Kapitel 7.4 diskutiert. Im OC werden die Menschen aus der Sicht der Organisation und die Organisation wird aus der Sicht der Individuen betrachtet. Interaktionen zwischen von Individuen und dem Unternehmen sind sowohl der wichtigste Interpretationsrahmen als auch das Entwicklungsziel für OC.

Es gibt viele in diesem Buch bereits beschriebene spezifische Perspektiven, die für das Spektrum von OC-Dienstleistungen bedeutsam sein können. Viele Coaches bevorzugen das Einzelgespräch als Setting und die Kommunikationspsychologie als Bezugsrahmen. Im OC ist dies jedoch nur eine Auswahl aus vielen Optionen. *OC ist interdisziplinär und Organisationscoaches sind Zehnkämpfer!* Denn der Erfolg von OC hängt nicht vom Umgang mit einer vertrauten Perspektive (wie Psychologie) ab, sondern von der Berücksichtigung und Kombination vieler Disziplinen und Aspekten der Führung von Organisationen. Während OC für bestimmte vertraglich vereinbarte Maßnahmen verantwortlich sein kann, übernimmt es auch Verantwortung bezogen auf das gesamte Unternehmen (vgl. Kapitel 3.3).

8.7.2. Erweiterte OC-Dienste

Schauen wir uns einige Betrachtungsweisen an, um ein Gefühl für fortgeschrittene OC-Dienstleistungen zu bekommen:

Coaching zu "persönlichen Themen" ad libitum? Wenn Probleme in der Organisation oder ihren Mitgliedern auftreten, ist

Coaching heute eine akzeptierte Option. Etwas als Coaching-Thema zu bezeichnen, impliziert in der Regel die Annahme, dass das Problem jemandem gehört, der als "Coachee" bezeichnet wird und von ihm oder ihr mit Hilfe eines Coaches gelöst werden kann. An diesem Punkt wird Coaching unterstützt, auch um als Organisation das Problem los zu haben, und es liegt an dem Coachee, einen Coach zu finden, mit dem er seine Probleme löst. Einige Unternehmen etablieren einen Coaching-Pool, um Orientierung und Qualität zu gewährleisten. Diese Coaching-Pools reichen von einfachen Listen der Coaches bis hin zur Definition detaillierterer Kriterien und Verfahren.

Um das Organisationscoaching stärker zu fokussieren, sollten bestehende Definitionen und Verfahren im Rahmen des Vertrages überprüft werden.

Fragen zur Kontraktklärung für Organisations-Coaching:

1. Was ist definiert als "das Problem"? Wer definiert, wer stimmt zu, wer stellt Fragen, ob die Problemstellung angemessen und Coaching der richtige Ansatz ist?

2. Wer interessiert sich für welche Lösungen und wer bewertet am Ende die Ergebnisse? Werden diese Dimensionen bei einem Coaching-Vertrag zwischen dem Coach, seinem Unternehmen, dem Coachee und seinem Unternehmen berücksichtigt?

3. Wer sollte beteiligt sein und wie wird dies organisiert?

4. Passt die Philosophie des Coaches zur Kultur und zum Stil des Unternehmens?

5. Wie ist dieses Coaching mit der Organisation und den dort zu ergreifenden Maßnahmen abgestimmt?

6. Gibt es eine HR-Strategie, wie persönliche Fähigkeiten aufzubauen und die Beziehungen zwischen spezifischen Bildungsprogrammen, Systemlernen und individualisiertem Lernen zu klären sind?

7. Ist der Coaching-Anbieter mit den Anforderungen und Möglichkeiten seitens der Organisation vertraut und ist er zur Zusammenarbeit bereit?

Wenn OC die Fähigkeiten oder die Karriereentwicklung verbessern soll, sollte geklärt werden, ob das Ziel angesichts der zu schließenden Lücke rechtzeitig erreicht werden kann, und inwiefern alle Beteiligten reif genug sind und über die notwendigen Ressourcen verfügen.

Spezifische Coaching-Programme

Zunehmend bieten Unternehmen Kontingente an Coaching-Sitzungen für bestimmte Schritte an, wie z.B. den Wechsel von Rollen, Abteilungen oder des Einsatzortes, etc. Hier treffen sich OD und OC. Wenn beispielsweise die Besetzung für ein neu startendes Veränderungsprojekt oder eine neue Kampagne ansteht, könnte jedem Kandidaten die Möglichkeit gegeben werden, Fragen zur möglichen Bewerbung und Passung in einigen OC-Sitzungen zu klären.

Ein solches Coaching-Kontingent sollte mit dem, was der Coachee wünscht, vereinbar sein, aber auch mit Klärungsnotwendigkeiten und Anforderungen seitens des Projekts oder der OE.

Zusammenfassend lässt sich sagen, dass die OC-Anbieter in der Lage sein sollten, spezifische Bedürfnisse von Coachees sowie die Anforderungen von Unternehmen zu erfüllen. Fortgeschrittene OC-Dienstleistungen erfordern eine fortgeschrittene OE-

und OC-Reife sowohl beim Unternehmen als auch beim externen Anbieter.

8.7.3. Qualität von Organisationscoaching

Die obigen Beispiele haben gezeigt, dass OC nicht nur eine Begegnung zwischen Coach und Coachee ist, sondern auch zwischen Systemen und Programmen. In Kapitel 6.5 wurde Kompetenz auch als eine Frage der Passung definiert. Nach der gleichen Logik entsteht die Qualität des OC auch durch Passung der Programmatiken von Anbieter und Kunden. Als Protagonisten stehen sie für verschiedene Welten, die zusammenpassen sollten. (siehe Abbildung 26).

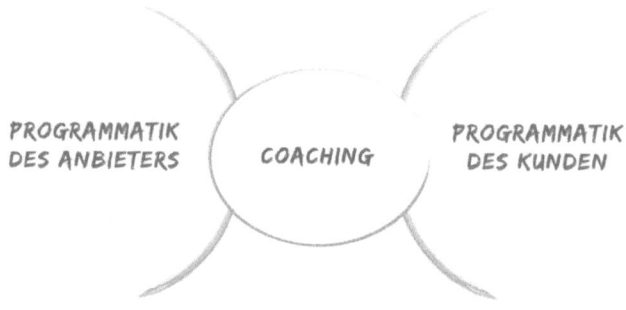

Abb. 27: Passung Coaching-Programmatiken (Schmid 2016)

OC als Expertise und als professionelle Perspektive

OC-Kompetenz ist nicht unbedingt mit der Rolle eines Coaches verbunden. Viele Fachleute erwerben Coaching-Kompetenzen, ohne das Ziel, Coach zu werden.

127

Vielmehr wollen sie sich Expertise in den Dimensionen des OC aneignen, um diese in andere Rollen und Dienstleistungen zu integrieren, z.B. als bessere Teamleiter oder menschenorientierte OE-Anbieter. Sie wollen sich als Professionelle verbessern und Organisationskultur aus der Sicht von OC bereichern.

9. Gemeinsam Kohärenz-Krisen bewältigen

9.1. Was ist Kohärenz?

Kohärenz ist ein zentraler Begriff in der Diskussion um Gesundheit von Individuen und Organisationen. Es gibt viele Möglichkeiten, eine Person oder eine Organisation als kohärent zu beschreiben. Kohärenz ist am isb beschrieben durch „wohl organisiert" und „für die Beteiligten sinnvoll" und wir verwenden den Begriff alternativ zu Integration. Aus einer Organisationsperspektive können diese beiden Komponenten der Kohärenz entweder als niedrig oder als hoch ausgeprägt angesehen werden.

Das Funktionieren der Organisation sinkt ab

Gut organisiert sein ist für die Integration unerlässlich, insbesondere, wenn eine Organisation stark gewachsen ist. Dazu gehören gut durchdachte Strukturen, ein reibungsloses Zusammenspiel der Prozesse und die Fähigkeit, auf komplementäre Weise zu wachsen. Wenn die Organisation zu schlecht funktioniert, kann dies zu einer Krise führen. In einer mechanischen Metapher kann der Verlust der Funktionalität z.B. so beschrieben werden, dass Zahnräder immer weniger ineinandergreifen, bis sie sich ganz voneinander lösen oder gegenseitig blockieren. Dann tritt -trotz gesteigerter Anstrengung - dennoch mehr und mehr ein Funktionsverlust ein.

Die Bindung an einen Sinn geht verloren

Sinn ist grundsätzlich eine integrierende Kraft. Selbst wenn Ziele der Organisation noch erreicht werden, kann die Kohärenz abnehmen, wenn übergeordnete professionelle oder organisationale Absichten unklar werden. Wenn Sinn und

Zweck verloren gehen, kann dies zu einer Krise führen. Mit anderen Worten, die Maschine kann gut funktionieren, verliert aber die Verbindung zu ihrem Daseins-Zweck.

Positiv als Gleichung formuliert: Um kohärent zu bleiben, benötigen Individuen und eine Organisation für das Produkt von "gut organisiert" und "sinnvoll" einen hohen Wert:

Dies wird durch folgende Formel für die Kohärenz von Beruf und Organisation illustriert:

$$\text{KOHÄRENZ} = \text{ORGANISIERT-HEIT} \times \text{SINN \& ZWECK}$$

Abb. 28: Formel für Kohärenz in Beruf und Organisation
        (Schmid 2018)

Ohne eine wissenschaftliche Definition von Kohärenz anzustreben, soll eine metaphorische Beschreibung das Verständnis fördern und Leser ermutigen, sie auf eigene Realität anzuwenden.

Wenn Professionelle oder Organisationen ihre Kohärenz verlieren, macht es einen Unterschied, ob dies mehr dem Verlust von Organisiertheit oder dem Verlust von Sinn und Zweck zuzuschreiben ist. Wenn die Organisiertheit abnimmt, kann dieser Mangel mit Sinn und Zweck und gesteigertem Engagement begrenzt kompensiert werden. Wenn Sinn und Zweck abnehmen, kann die Verbesserung der Organisiertheit immerhin helfen, funktionsfähig zu bleiben. Im ersten Fall sollte mit der Reorganisation begonnen werden. Im zweiten Fall sollten Sinn und Zweck aufgefrischt oder neu gefasst werden.

Beide Faktoren können sich also bis zu einem gewissen Grad wechselseitig kompensieren, sollten aber am Ende in ein Gleichgewicht gebracht werden. Denn Langfristig kann sowohl ein sinn- und zweckhaftes Unternehmen unter unzureichender Organisiertheit als auch ein gut organisiertes Unternehmen unter Sinn- und Zweckverlust leiden.

9.1. Was ist eine Krise?

Bei "Krise" werden allgemein zwei Dimensionen hervorgehoben: 1. "mit großen Schwierigkeiten konfrontiert" werden und 2. „ein Wendepunkt ist erreicht". Krise kann als Unglück und/oder als Chance für Entwicklung wahrgenommen werden - letzteres vorausgesetzt, die Protagonisten erkennen die Notwendigkeit, sich für substantielle Veränderungen zu öffnen. In Kontext dieser Ausführungen kann Krise als ein Verlust von Kohärenz angesehen werden, der eine Wende zu wesentlichen Entwicklungen erfordert.

Je länger eine drohende Krise ignoriert wird, desto größer sind die Probleme, die sofort und gleichzeitig gelöst werden müssen. Oft haben sich die Probleme bereits in unlösbare verwandelt, die dann mit Dilemma-Konzepten verstanden und behandelt werden müssen (vgl. Kapitel 9.3).

In vielen Situationen ist es lange unklar, ob sie als Krise anzusehen sind. Die bereits erkennbaren Schwierigkeiten werden entweder nicht wahrgenommen oder nicht als substantiell angesehen. Oder es ist schwierig, Kriterien für die Diagnose der Situation als Krise zu identifizieren. Ist die beobachtete Schwierigkeit wesentlich und driftet auf einen Wendepunkt zu oder ist sie Teil von normalen Abweichungen? Haben verschiedene Akteure in Unternehmen die gleichen Erfahrungen, Bewertungskriterien und Zeitperspektiven?

9.2. Phasen von Kohärenzkrisen

Hier soll ein Diagramm vorgeschlagen werden, das Phasen einer Krise unterscheidet. Es dient als Anregung für die Reflexion von krisenhaften Zeiten und von Reaktionen darauf. Das Diagramm zeigt den Grad der Kohärenz einer Person oder einer Organisation im Zeitverlauf. Das Durchlaufen einer Krise lässt sich in vier Phasen beschreiben, die sich überlappen. Sie können an verschiedenen Schauplätzen zu unterschiedlichen Zeiten verschieden in Erscheinung treten oder von verschiedenen Akteuren unterschiedlich wahrgenommen werden. Typischerweise besteht eine zeitliche Verzögerung zwischen der Wahrnehmung von Symptomen, der Identifizierung von Ursachen, von konstruktiven Maßnahmen und dem Sichtbarwerden ihrer Wirkungen.

Über das Berufsleben hinaus kann dieses Diagramm auf viele Lebensbereiche, etwa auf die Gesundheit oder auf die Entwicklung der Klimakrise, angewendet werden. Jeder hat seine individuelle Beziehung zu jeder einzelnen der Phasen innerhalb einer Krise. Es gibt sicherlich individuelle Vorlieben und Talente im Umgang mit einigen Phasen, sowie Irritationen und fehlende Sensibilität gegenüber anderen Phasen. Ein Verlust der Kohärenz, d.h. gute Organisiertheit bzw. Sinn und Zweck, führt zu Desintegration: Neu-Integration führt zu neuer Kohärenz. Im Folgenden werden die verschiedenen Phasen und einige typische Verhaltensweisen beschrieben.

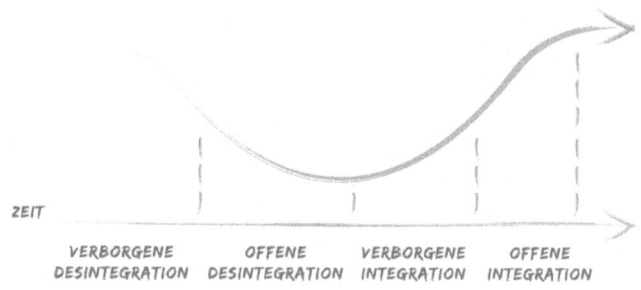

ZEIT

VERBORGENE
DESINTEGRATION

OFFENE
DESINTEGRATION

VERBORGENE
INTEGRATION

OFFENE
INTEGRATION

Abb. 29: Vier Phasen der Krisenentwicklung (Schmid/Messmer 2004)

9.2.1. Verborgene Desintegration

Interne und externe Anforderungen können oft Veränderungen unterliegen, die von den Verantwortlichen nicht als wesentlich erkannt werden. Dies kann zu Verfall jeglicher Art führen, noch ohne, dass dies den Verantwortlichen bewusst wird, wie z.b. organisatorische Schieflagen oder subtile Bedeutungs- und Identitätsverluste. In dieser Krisenphase werden Abweichungen von Funktion und Zweck nicht als relevant angesehen, daher verborgene Desintegration. Daher ist es wahrscheinlich noch zu früh, um eine Analyse der Situation in Betracht zu ziehen, auch wenn dies von außen gesehen geboten ist. Hinter den Kulissen gibt es zu diesem Zeitpunkt bereits Anzeichen einer Krise, während im Vordergrund alles im Rahmen scheint.

9.2.2. Offene Desintegration

Wenn die Probleme länger andauern und alarmierende Dimensionen erreichen, kommt es zu wahrnehmbaren Irritationen, daher offene Desintegration. Grundsätzlichere Fragestellungen werden dennoch weiterhin zurückgestellt, weil sie die Verantwortlichen verunsichern. Eher werden schnelle Beurteilungen und Schnellschuss-Aktivitäten, unkritisches Engagement für unrealistische Lösungen und Investitionen in ineffektive Maßnahmen ohne kritische Diskussion toleriert, solange man meint, am doch noch "business as usual" festhalten zu können. Es scheint noch zu früh für eine gründliche Analyse der Probleme und für umfassendere Lösungen, insbesondere wenn diese eine Änderung der Gewohnheiten erfordern bzw. nach sich ziehen würden. Nur langsam dringt es ins Bewusstsein der Verantwortlichen vor, dass selbstverständliche Annahmen in Frage gestellt und Veränderungen in Strukturen, Prozessen und Mitarbeitern erwogen werden müssen. Allmählich entsteht die Bereitschaft, weniger spektakuläre, aber solidere Maßnahmen in Betracht zu ziehen, z.B. solche, die durch das eigene Personal in der täglichen Arbeit umgesetzt werden könnten.

9.2.3. Verborgene Integration

Inzwischen haben realistischere Einschätzungen die Oberhand gewonnen und die richtigen internen Mitarbeiter haben die Verantwortung für die nötigen Veränderungen übernommen. Nützliche Programme laufen schon seit einiger Zeit, aber es gibt immer noch eine Menge Unsicherheit. Die Probleme scheinen doch noch nicht gelöst zu sein. Obwohl vernünftige Menschen schon neue Wege im Umgang mit Problemen und Menschen aufzeigen und Vertrauen und Wertschätzung zum Ausdruck bringen, sortiert sich vieles noch nicht in überzeugender Weise. Es entsteht eine neue Kohärenz, obwohl sie immer noch hinter besser sichtbaren Zerfallsprozessen verborgen ist, daher verborgene Integration. Es wird noch Zeit brauchen, bis sich die Dinge stabilisieren, sich Wirrnisse auflösen und sich neue Wirklichkeiten dahinter überzeugend zeigen. Es ist in dieser Phase nicht einfach, eingeleitete solide Maßnahmen geduldig weiter zu pflegen.

9.2.4. Offene Integration

Schließlich wird es einfacher, da die neuen Prozesse ohne zusätzlichen Aufwand funktionieren. Die Menschen beginnen, Erleichterung zu spüren, werden ruhiger und selbstbewusster. Oftmals sind sie sich dieser Erleichterung nicht einmal bewusst, weil sie so allmählich eingetreten ist. Neue Erfahrungen und Einstellungen haben sich zu gewohnheitsmäßigem Verhalten entwickelt, auch ohne dass man weiß, wie dies geschehen ist. Probleme lösen sich auf oder können beiläufig gelöst werden, ohne dass die Protagonisten wirklich verstehen, wie dies geschieht. Lösungen und erfolgreiche Ereignisse scheinen immer mehr stimmig zu sein und sind Anzeichen dafür, dass eine neue Integration spürbar wird, daher offene Integration. All dies wird von internen Mitarbeitern erlebt, ist aber meist sogar für externe Beobachter noch offensichtlicher. Die Partner bestätigen sich gegenseitig in ihrer Verbundenheit und Zusammenarbeit, indem sie positive Beobachtungen und intuitive Erwartungen äußern. Noch sind nicht alle Probleme gelöst, aber viele sind irgendwie ohne negative Folgen "vergessen" worden. Das Krisenerleben ist verebbt.

9.3.   Dilemma

9.3.1.   Was ist ein Dilemma?

Ein Dilemma ist eine problematische Situation, die entweder gar nicht oder nicht innerhalb eines bestimmten Bezugsrahmens gelöst werden kann. Die Lösungsmuster, die im Dilemma zur Verfügung stehen, führen nicht zu akzeptablen Lösungen. Wenn man dies spürt, fühlt man sich gefangen. Man kann dann (leichte oder wilde) Verzweiflung empfinden, ohne die Situation als Dilemma benennen zu können. Diese Unlösbarkeit für die Betroffenen kann eventuell von außen nicht zu erkennen sein, wenn sie hauptsächlich durch deren interne Prozesse konstituiert wird. Aus einer externen Perspektive mag es vielleicht Lösungen geben, aber der interne Dilemma-Bezugsrahmen lässt es nicht zu, sie zu akzeptieren. Dann ist es nicht sinnvoll, weiter in solche Lösungen zu investieren, da sie die Dilemma-Situation nicht auflösen können. Aber es ist auch nicht einfach, Betroffene daran zu hindern, an Dilemma fortschreibenden Lösungsversuchen festzuhalten, die nur scheinbar vor Verzweiflung schützen. Dabei geraten externe Helfer häufig ersatzweise in Verzweiflung, einige aus Empathie, andere aus Hilflosigkeit.

Was kann man also stattdessen tun? Man kann zunächst die eigene Verzweiflung identifizieren und mit ihr als Wahrnehmung umgehen, auch wenn zunächst die Logik der Probleme oder Lösungen nicht erkennbar werden. Es ist nicht einfach, so einem Gegenüber Solidarität anzubieten, also Verzweiflung anzuerkennen, ohne sich dann selbst gefangen zu fühlen. Sich der gemeinsamen Dilemma-Situation zu stellen, ohne sein Selbstwertgefühl und seine Kraft zu verlieren, ist eine Herausforderung. Der kompetente Umgang mit Einsichten und Gefühlen im Dilemma muss gelernt werden, insbesondere im Hinblick auf eigene Verzweiflung.

Mit dem Dilemma-Modell als Rahmen kann man zu einer gemeinsamen Untersuchung von Beobachtungen einladen, die vielleicht ein Dilemma identifizierbar und Unlösbarkeit verständlich machen und zu einem anderen Umgang damit einladen. Gelingt das, hilft es den Betroffenen, reflexhafte Problembeschreibungen und Lösungen loszulassen und mit unangenehmen Gefühlen und Erkenntnissen umzugehen und Vertrauen aufzubauen.

Der Umgang mit Dilemma beinhaltet die Analyse von Dilemma auf einer Inhaltsebene (9.3.2) wie auch die Auseinandersetzung mit Dilemma-Prozessen im Erleben und Verhalten (9.3.3).

9.3.2. Logik des Dilemmas

Aus Sicht des Außenstehenden kann man einen Dilemma-Bezugsrahmen analysieren, ohne selbst hineinzugeraten. Der Bezugsrahmen für ein Dilemma kann als Dilemma-Gleichungen hypothetisch gefasst werden. Jede dieser Gleichungen und ihre Kombination tragen zur Unlösbarkeit bei.

Beispiele für solche Gleichungen:

- *Die eigene Arbeitsqualität, die Strategie von Führungskräften und Mitarbeitern zu hinterfragen = Missmanagement zu unterstellen und damit Respekt und Vertrauen verlieren.*

- *Zeit und Ressourcen für die Umstrukturierung eines Projekts, die Schulung der Mitarbeiter, die neue Qualifikationen aufwenden = einer unannehmbaren Verzögerung und untragbaren Mehrkosten die Tür öffnen.*

- *Durch Infragestellung oder sogar Aufgabe einer gewählten Strategie = sich als Zauderer outen.*

- *Einfühlsame Führung = bereit sein, mit jedem alles zu diskutieren*

- *Mehr Anstrengungen abzuverlangen = Leute knechten.*

Solche Gleichungen werden in der Regel nicht explizit ausgedrückt. Sie können aber als Hypothesen über interne Bezugsrahmen diskutiert werden, abgeleitet von Erfahrungen im Kontakt und Beobachtungen. Die Frage ist, ob diejenigen, die sich im Dilemma gefangen fühlen, für solche Analysen überhaupt erreichbar sind. Wer sich gefangen fühlt, ist nicht leicht dafür zu gewinnen, Hypothesen über seinen Bezugsrahmen zu diskutieren. Zu erkennen, dass solche Gleichungen Kraft haben, kann die Konfrontation mit Gefühlen der Verzweiflung sogar verstärken. Wie aber lädt man zur Begegnung mit vermiedenen Gefühlen und manchmal unbequemen Einsichten ein, die Teil des Prozesses sind? Wie kann man dafür werben, externe Beobachtungen zum eigenen Verhalten und Hypothesen über die zugrunde liegenden Gleichungen auszuprobieren? Dies zu erreichen und gleichzeitig die Verzweiflung in Maßen zu halten, ist schwierig, da im Dilemma häufig Einsichten vermieden werden, die verständlicherweise zu negativen Emotionen führen.

Zur Vorbereitung von Dialogen kann das Dilemma-Modell hilfreich sein. Allgemein erklärt und mit Beispielen anderer Betroffener versehen, können Menschen ihre eigene Situation leichter erkennen, können Interesse und Motivation geweckt werden. Wer eigene Erfahrungen innerhalb des Dilemma-Zirkels im ersten Schritt geboten kriegt, folgt dem Aufstellen von Hypothesen über ihn betreffende Dilemma-Gleichungen leichter. Berichtet man vom eigenen Erleben eines gemeinsamen Dilemmas kann der andere darauf Bezug nehmen, auch wenn beide die dahinterstehenden Bezugsrahmen nicht klar haben. Dilemma-Bezugsrahmen oft leichter angegangen werden, wenn man mit dem Erleben im Dilemma-Zirkel beginnt.

9.3.3. Der Dilemma-Zirkel

Dilemmata bewirken bestimmte Dynamiken im Dilemma-Zirkel und gleichzeitig halten solche Dynamiken Dilemma-Bezugsrahmen aufrecht. Dilemmata können dadurch identifiziert werden, dass beispielhafte Erfahrungen im Dilemma-Zirkel wiedererkannt werden.

Typische Phasen von Dilemma-Erfahrung sind Vermeiden, Strampeln, Erschöpfung und Verzweiflung:

Vermeiden: Man ist sich des Dilemma-Systems nicht bewusst, die Situation scheint unverdächtig zu sein. Man spielt Warnsignale herunter und verhält sich, als wären Lösungen verfügbar. Solange kein intensives Engagement erforderlich ist, sind die Auswirkungen gering.

Strampeln: Die Bemühungen bringen nicht den erwarteten Nutzen. Wenn man sich dann mehr Mühe gibt, ist dies nicht wirklich von Zuversicht getragen und wird zu einem Strampeln ohne Ende. Hat man diesen Mangel an Zuversicht erst mal identifiziert, könnte dies ein Einstieg in eine Analyse des Dilemma-Zirkels sein.

Erschöpfung: Immer wieder kippt das Strampeln in Erschöpfung. Erschöpfung ist eine normale Reaktion, um sich nach einer Anstrengung zu erholen und mit neuer Energie und frischen Ideen zurückzukehren. Die Erschöpfung im Dilemma-Zirkel Dilemmas unterscheidet sich jedoch dadurch, dass sie wieder innerhalb des Zirkels mündet. Menschen versuchen dann durch Krankheit, Drogen oder Burnout dem Ausgeliefertsein an Hoffnungslosigkeit zu entkommen.

Verzweiflung: Dauerndes Strampeln und der Wechsel zwischen Strampeln und Erschöpfung führt natürlich zu Verzweiflung. Unsere Kultur kann als phobisch gegen Verzweiflung beschrieben werden und verfehlt dadurch, dass Verzweiflung (mild oder wild) anerkannt wird, obwohl gerade Verzweiflung diagnostisch auf die gegebene Unlösbarkeit eines Problems und damit auf ein Dilemma hinweisen könnte. Deshalb ist es eine wesentliche Dilemma-Kompetenz, mit Verzweiflung umgehen zu können.

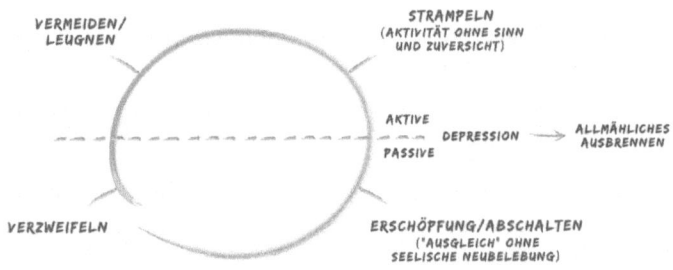

Abb. 30: Der Dilemma-Zirkel (Schmid/Jäger 1986)

Aus klinischer Sicht führt das Hin- und Herwechseln im Dilemma-Zirkel zu Depressionen in ihren aktiven und passiven Formen und langfristig zu einem sogenannten Burnout.

9.3.4. Hilfreiche Einstellungen und Ansätze

Der hilfreiche Umgang mit Dilemmata gehört zur Königsklasse helfender Beziehungen.

Einige Empfehlungen zur Unterstützung:

Es ist eine echte Herausforderung, mit verzweifelten und in einem Dilemma-Zirkel gefangenen Menschen umzugehen. Und oft erkennen eine oder beide Seiten die Dilemma-Situation nicht. Wer dann auf die Existenz eines Dilemmas hinweist, wird leicht als Quelle des Unbehagens verdächtigt. Oft ist der Helfer auch schon ein Stück weit mit in einen Dilemma-Zirkel geraten. Dann liegt der Schlüssel darin, sich selbst in dieser Dilemma-Situation zu erkennen. Dazu muss man vielleicht zuerst anerkennen, dass man bereits seit einiger Zeit selbst im Dilemma-Zirkel ist, und erst jetzt dieses (unterschwellige) Erleben genügend ernst genommen hat. Und dann muss man noch die Unlösbarkeit benennen und Verhalten im Dilemma-Zirkel identifizieren, während der andere die Konfrontation mit Unlösbarkeiten ablehnt, weil er im Dilemma-Zirkel steckt. Denn als zusätzliches Dilemma wirkt die Angst, durch Anerkennen von Unlösbarkeiten vermeintliche Lösungs-Chancen und Chancen auf Hilfe durch den Helfer aufzugeben. Anstatt ein netter fürsorglicher Helfer zu sein, der vor Verzweiflung abschirmt, muss man dadurch hilfreich sein, dass man sich der Verzweiflung stellt, der eigenen sowie der des Gegenübers. Unlösbarkeiten werden nicht beschwichtigt, sondern analysiert und allenfalls Hoffnung auf eine sinnvolle Realität jenseits des Dilemmas geweckt, auch wenn diese Realitäten weder konkretisiert noch zugesichert werden können.

In dieser Phase ist wichtig, das Helfen im alten Bezugsrahmen aufzugeben, ohne jemandem Vorwürfe zu machen, nicht den anderen und auch nicht sich selbst. Man braucht dazu einen klaren Verstand, das Anerkennen von vorheriger Vermeidung, von eigener Verzweiflung, von Strampeln und erschöpft Abschalten im Dilemma-Zirkel. Dabei kann man das isb-Dilemma-Model nutzen, Beobachtungen anbieten und den Mut zum unbequemen Dialog aufbringen. Helfer müssen oft erst lernen, zwar im Kontakt zu bleiben, das eigene Dilemma dabei jedoch zu akzeptieren und das Dilemma des Klienten nicht zu übernehmen. Man braucht Mut, verfügbar zu bleiben, ohne Lösungen oder auch nur Erklärungen bieten zu können, und sich dennoch nicht inkompetent zu fühlen. Man darf keine falsche Hoffnung wecken, muss sogar Verzweiflung an die Oberfläche bringen, zum Annehmen von Unlösbarkeit ermutigen. Es geht darum, Verzweiflung anzunehmen und zu begleiten, ohne auf Veränderungen aus zu sein bevor die Zeit reif ist. Für Helfer ist es meist nicht leicht, eine eigene Position der Solidarität zu finden, ohne dabei Lösungen bieten zu können.

Und dann gibt es für den Helfer noch Dilemmata während und nach Veränderungen. Man muss darauf gefasst sein, dass sich die Dilemma-Situation auflöst, ohne dass ersichtlich ist, was der Helfer dafür getan hat. Solche Veränderungen geschehen oft ohne plausible Erklärung, worin das Dilemma eigentlich bestand und warum es sich aufgelöst hat. Es ähnelt dem Erwachen aus einem Albtraum, der entschwindet bevor man ihn wirklich greifen konnte. Das macht es schwer, eine Dilemma-Diagnose und ungewohnte Helferinterventionen zu rechtfertigen. Vermutlich ist die wichtigste Intervention gewesen, dem Dilemma im Kontakt und im Dialog Stand zu halten.

9.3.5. Komplexität und Dilemma

Zu geringe Komplexität bei der Lösung komplexer Probleme kann zu Dilemmata führen. Dilemmata können jedoch auch dadurch verursacht werden, dass offensichtliche Lösungen für Probleme nicht rechtzeitig akzeptiert werden.

Innerhalb der Logik von Dilemmata können unentdeckte oder nicht akzeptierte Unlösbarkeiten zu mehr Komplexität führen. Illusionäre Erwartungen, wie die Erhöhung der Komplexität ohne eine Strategie für verbesserte Ressourcen und der Entwicklung einer adäquaten Organisationskultur verstärken die Probleme, bis sie sich schließlich in Dilemmata verwandeln.

Viele Unternehmen geraten in Dilemmata, weil sie keine Kultur haben, rechtzeitig über Erleben von Ausweglosigkeit und Verzweiflung zu sprechen. Hier birgt eine Kultur des Vertrauens existenzielle Chancen. Über Dilemma-Erfahrungen bewusst zu sprechen und Phasen des Dilemma-Zirkels gemeinsam zu identifizieren, ebnet den Weg, innezuhalten, nicht weiter in alte Muster zu investieren und nach echten neuen Optionen zu suchen. So können Desintegration aufgehalten und Krise frühzeitig bewältigt werden, ohne dabei dramatische Schäden zu riskieren.

10.   Intuition und Bildsprache teilen

"Ein Bild sagt mehr als tausend Worte". Jeder hat das schon erlebt.

In einem Aufsatz wurde z.B. erklärt, warum Coaches in vielen Disziplinen kompetent sein sollten, aber der einzige Punkt, der den Kollegen im Anschluss gegenwärtig war, war das Diktum "Coaches sind Zehnkämpfer". Ein komplexer Diskurs wird in einem Wort, einem Satz, einem Bild, einer Kurzgeschichte oder einer Szene zusammengefasst. Ein Bild kann die Bedeutung oder Essenz von etwas oft effektiver vermitteln, als es eine Beschreibung je könnte. Narrative Ansätze erklären nicht wirklich, doch können sie auf ganzheitliche Weise Verständnis wecken. Sie bieten einen Verständnisrahmen, der mit Beispielen und damit mit Bildern aus der Welt des Empfängers gefüllt und angereichert werden kann. Bilder schaffen innere Realitäten, die mit Gefühlen und Körperempfindungen verbunden sind und helfen, Prozesse zu koordinieren und Gedächtnis über erklärbare Kategorien hinaus zu schaffen. Aus diesem Grund sind Erzählungen sowohl für Einzelpersonen als auch für Unternehmen so wichtig.

10.1. Die drei Schwäne

Das isb vermittelt am Beispiel der "Drei-Schwäne-Metapher" die Idee von Metaperspektiven auf Wirklichkeit:

Tünnes und Schäl sind zwei bekannte deutsche Comedy-Figuren. Tünnes bittet seinen Freund Schäl, sich etwas zu wünschen. Schäl möchte ein Schwan sein, aus Freude am Fliegen.

Sein Freund Tünnes antwortet, dass er lieber zwei Schwäne sein möchte - einer für die Freude am Fliegen und einer für die bewusste Erfahrung, sich selbst dabei zu zu sehen.

Inspiriert beschließt Schäl darauf hin, lieber drei Schwäne zu sein: Wie Tünnes könnte er einer sein, der das Fliegen genießt, der sich selbst bewusst beobachtet, und darüber hinaus kann er als dritter Schwan sich als zweiten Schwan beobachten, wie er den ersten Schwan beobachtet und so die Erfahrung auf allen Ebenen intensiv genießen.

Diese Metapher kann verwendet werden, um ein Bewusstsein für die eigene Wirklichkeit auf verschiedenen Ebenen zu schaffen. Gleichzeitig ist überraschend, für wie viele andere Unterscheidungen diese drei Ebenen von Kollegen verwendet wurden. Diese repräsentierten in der Regel Vorstellungen von "Meta" und Verwandtschaft zwischen verschiedenen Ebenen des Erlebens und Analysierens.

10.2.   Was ist Intuition?

Nach Aristoteles ist Intuition definiert als ein "Wissen" über Wirklichkeit, ohne zu wissen, wie wir zu diesem kommen. Und normalerweise wissen wir auch wenig über das, was wir wissen, aber wir handeln, als ob wir es wüssten. Intuition steht also für das psychische Einschätzen und das Erzeugen von Bildern für Wirklichkeiten.

Intuition organisiert Wirklichkeiten, Wahrnehmung und Handeln. Aber Intuition ist kein Mysterium, sie basiert auf Lernerfahrungen und auf persönlichen wie kulturellen Gewohnheiten. Diese Gewohnheiten können intuitive Vorurteile und Fehlerwiederholungen beinhalten, weswegen die Intuition weit davon entfernt ist, „immer richtig" zu sein. Es kann viele Bereiche untrainierter Intuition geben – Bereiche, in denen Lernerfahrungen fehlen. Deshalb kann Intuition entweder qualifiziert oder unqualifiziert sein. Intuition kann führen und irreführen. Intuition kann zu Wirklichkeiten und Handlungen führen, die entweder als stimmig und funktional oder als widersprüchlich und dysfunktional betrachtet werden können. Um bei Intuition Qualität zu entwickeln braucht man Dialoge, die sich explizit auf die Intuition und Bilder beziehen, und man kann so eine gemeinsame Kommunikationskultur aufbauen.

Diese Kultur muss sowohl bewusst-methodische Ebenen als

auch unbewusst-intuitive Ebenen integrieren. (vgl. Kapitel 1.5.)

- Professionelle Intuition muss geschult werden und ausgerichtet auf die Sphäre, für die sie relevant ist und die Zwecke, für welche sie genutzt wird.

- Verschiedene Professionelle sollten Kompetenzen in unterschiedlicher Intuition haben, da sie mit unterschiedlichen Wirklichkeitsbereichen, unterschiedlichen Rollen und Verantwortlichkeiten zu tun haben.

10.3. Was ist Bildsprache?

Bildsprache bezieht sich in vielfältiger Weise auf mentale Bilder von Individuen und Kollektiven. Bildhafte Sprache beschränkt sich nicht nur auf visuelle Bilder, sondern umfasst alle Sinne, alle Wahrnehmungskanäle und des Ausdrucksmöglichkeiten jenseits buchstäblicher oder expliziter Formen. Unsere Sprache ist voll von Bildern, die uns oft nicht bewusstwerden. Bilder schaffen innere Realitäten. Menschen sprechen über Bilder mit sich selbst, sowohl in Bezug auf Träume oder Tagträume als auch auf Erlebnisse in der Außenwelt. Wenn Menschen kommunizieren, aktivieren sie Bilder bei anderen und nutzen Bilder, um sich mitzuteilen. Sie verwenden, oft ohne es zu merken, eine narrative Sprache, bei der sie Metaphern oder Phantasien einbeziehen.

Die Kommunikation mit der Welt der Bilder und die aktive Nutzung von Bildern kann wie jede andere komplexe Sprache durch angeleitete Praxis und durch Studium der zugrunde liegenden Logiken erlernt werden. So kann jeder lernen, sich in Bezug auf Bildsprache zu verbessern und so bestimmte Wirklichkeiten wachzurufen und entstehen zu lassen.

Bilder wirken im Hintergrund auf uns ein. Durch Training können wir uns im Verwenden von Bildsprache qualifizieren, indem wir Bildsprache vorübergehend in den Vordergrund stellen und bewusst verwenden. Wie bei einer Fremdsprache sinkt das Gelernte und wiederholt Genutzte ins Unbewusste ab und wirkt dann kompetent aus dem Hintergrund.

Nun sollen einige Bereiche beschrieben werden, in denen sich Bildersprache besonders gut anwenden und üben lässt.

10.4. Mentale Bilder und berufliche Situationen

Mentale Bilder sind beim Arbeiten und dem damit verbundenen Selbstverständnis im Hintergrund am Werk. Sie haben Einfluss darauf, auf welche Rollen und Szenarien wir uns einlassen, welche wir als schicksalhaft und bedeutungsvoll gestalten oder erleben. Um zu verstehen, welche Rollen wir tendenziell einnehmen und zu welchen Bühnen und Stücken wir uns hingezogen fühlen, können wir durch relativ einfache Fragen die dabei leitenden inneren Bilder befragen. Hintergrundbilder können uns helfen, die "Passung" (vgl. Kapitel 6.5) zwischen der beruflichen Funktion in einer Organisation und einer Persönlichkeit zu untersuchen. Passen aktuelle und zukünftige Anforderungen zu persönlichen Motivationen, Werten und Fähigkeiten? Hintergrundbilder in beruflichen Situationen gehen über übliche Beschreibungen hinaus und kennzeichnen wesentliche Qualitäten von Lebenssituationen.

Eine der Bildquellen ist die Erinnerung an Vorstellungen aus der Kindheit. Wenn sich jemand als Kind vorstellte, Lokführer zu werden, macht es einen Unterschied, mit welchem der folgenden inneren Bilder dies verbunden ist.

Hier drei Varianten:

- „Meine Maschine und ich – niemand kennt sie so wie ich!"

- „Mein Heizer und ich - zwei Freunde reisen um die Welt!"

- „Alle Passagiere verlassen sich auf mich. Ich bringe Euch
  sicher hin."

Das Aktivieren und Befragen solcher inneren Bilder ermöglicht
ein intuitives Verständnis für deren Bedeutungen und Über-
einstimmungen mit Lebenssituationen. Entwicklungen in einem Team oder einer Organisation, die durch solche Bilder
veranschaulicht werden, können zu den Bildern der Einzelnen
passen oder eben nicht. Mit Hilfe von inneren Bildern kann ein
Passungsdialog dazu eingeleitet werden, ob ein Mitarbeiter
letztlich hinreichende Kompetenz und Zufriedenheit in einer
beruflichen Funktion entwickeln kann und welche Art von
Unterstützung notwendig ist. Hier treffen die Kriterien der
beruflichen Persönlichkeitsentwicklung und der Organisationsentwicklung aufeinander.

10.5. Intuition teilen

Ein Dialog mit inneren Bildern hilft uns, einen Eindruck von den
Entwicklungsmöglichkeiten eines Teams oder eines Projekts zu
bekommen. Haben die Vorstellungen von den zukünftigen
Aktivitäten, Rollen und Karrieren eine ausreichende Konsis-
tenz? Wir gehen davon aus, dass dieses Abgleichen intuitiver
Vorstellungen der Beteiligten von entscheidender Bedeutung
für die Selbstmotivation und Selbstkontrolle, für kreative Potenziale und deren Zusammenspiel ist. Je weniger die Projekte
planbar sind und alle wesentlichen Dinge im Auge behalten
werden können, desto mehr gewinnt solche Abstimmungen

quasi als ein „seelischer Kontrakt" an Bedeutung.

In komplexen Situationen sind die Koordinationsprozesse manchmal so herausfordernd, dass sie sich völlig einer bewussten Kontrolle entziehen und die Koordination notwendigerweise auf eine intuitive Steuerung verlagert wird. Die Arbeit mit inneren Bildern fördert den Kontakt mit sich selbst und den inneren Stärken. Gleichzeitig stärkt es das intuitive, kreative Zusammenspiel zwischen denjenigen, die sich einem Kraftfeld anschließen.

Das bewusste Nutzen von inneren Bildern und metaphorischer Kommunikation macht Intuition effektiver, da sie zu einem integralen Bestandteil der Kommunikationskultur in einem Unternehmen wird.

10.6. Geleitete Phantasien

Geleitete Phantasien können helfen sich der Geschichten bewusst zu werden, die uns aus dem Hintergrund beeinflussen. Durch sie wird ein bildhafter Dialog gefördert. Für geleitete Phantasien gibt es viele Namen und Vorgehensweisen, z.B. Phantasiereise, geführte Tagträume, Trance oder Entspannungstechniken. Im Grundmodell beginnt man damit, Menschen einzuladen, sich zu entspannen, ihre Orientierung nach außen zu reduzieren und sich für innere Prozesse und Bilder zu öffnen. Dann können einige Inhalte durch den Anleiter fokussiert werden, beispielsweise Hintergrundbilder und Situationen zu einem bestimmten beruflichen Anlass. Dann werden die Menschen eingeladen, diese Bilder auf die gegenwärtige Situation zu beziehen und sich bewusst zu werden, wie sie die Gegenwart beeinflussen. Der Dialog mit anderen über solche Erfahrungen kann gegenseitiges Verständnis und Resonanz auf einander verbessern. So kommen ein vielschichtiges und tieferes Feedback und ein Austausch über weiterreichende Ideen mit ins Spiel. Der Dialog über Bilder kann wichtige Erkenntnisse für das Verständnis der persönlichen Entwicklung liefern.

Hierzu ein Beispiel:
Nach einer geleiteten Phantasie zu Bildern im Hintergrund der eigenen Berufsentwicklung, erzählte ein Management-Coach eine Kindheitserinnerung, an die er sich mindestens 30 Jahre nicht mehr erinnert hatte:

Wir lebten in einer Kleinstadt, in der mein Vater der Arzt war. Eines Tages wurde der Eigentümer der größten Fabrik verrückt und rannte nackt durch die Straßen. Da er prominent war und keiner wusste, was tun, rief man meinen Vater um Hilfe. Er half. Zuhause erzählte er dann, dass ihm gelungen sei, den Mann von seinem verrückten Tun abzubringen, ohne dass dieser dabei das Gesicht verloren habe.

Und dann nach einem Moment der Besinnung brach es aus dem Senior Coach heraus: Oh mein Gott! Und genau das tue auch ich als Management-Coach seit über 30 Jahren!

10.7. Geschichten und Rituale

Wie im obigen Beispiel können persönliche Geschichten spontan erinnert werden, wenn Aufmerksamkeit auf Hintergründe gerichtet wird. Geschichten können aber auch ein Team oder ein ganzes Unternehmen, seine Geschichte und Kultur widerspiegeln. Obwohl Stories in vielerlei Hinsicht nicht "real" sind, stellen sie durch Illustrationen von Eigenschaften, Überlieferungen, Haltungen und Erwartungen eine Orientierung dar. Aus diesem Grund kann ein Dialog über solche Geschichten und ihre Auswirkungen auf die Menschen in der Organisation relevant sein.

Hier ein Beispiel:

Gegen die Umstrukturierung eines metallurgischen Unternehmens wegen umwälzender technischer Entwicklungen gab es massiven, schwer nachvollziehbaren Widerstand. Auf der Suche nach Gesichtspunkten rund um das Problem wurden Geschichten darüber erzählt, wie eine Umstrukturierung des Unternehmens zwei Jahrzehnte zuvor die Familien der Mitarbeiter traumatisiert hatte. Meist arbeiteten mindestens zwei Generationen im Unternehmen. Nach der damaligen Umstrukturierung waren die jüngeren Familienmitglieder in den neuen Gebäuden idealisiert worden, während die Generation der Väter und Onkel, die ihr ganzes Leben lang das Unternehmen aufgebaut hatten, in den alten Gebäuden auf entwürdigende Weise vernachlässigt wurde. Solche Erfahrungen hatten das Familienleben zu Hause beeinflusst, aber keinen Platz in der Organisationskommunikation gefunden. Man konnte sich aber vorstellen, dass dies für die negativen und diffusen Reaktionen auf die neuerlichen Restrukturierungspläne verantwortlich war.

Nachdem all dies offengelegt war, versöhnte die Installation von Ritualen der Wertschätzung für die geschädigte Generation die Mitarbeiter mit der Vergangenheit und bereitete den Boden für die Neustrukturierung des Unternehmens.

10.8. Träume

Träume können als "Akte der Visualisierung und Kommentierung wichtiger Themen und Herausforderungen im persönlichen und beruflichen Leben" interpretiert werden.

Die Arbeit an und mit Träumen kann helfen:

1. Erfahrungen in beruflichen Situationen besser zu verstehen, d.h. rückblickend zu verstehen, was berührt hat, vorausschauend zu erfassen, was erwartet wird.

2. neue und alternative Perspektiven auf alte Probleme hervorzurufen und restriktive Erwartungen zu korrigieren.

3. gegenwärtige Muster und Stile zu korrigieren oder zu ergänzen (vgl. Kapitel 11).

4. berufliche Entwicklung aus psychologischer Sicht zu reflektieren

5. bei Dialogen mit Bildern und Geschichten zu erzählen.

Der Umgang mit Träumen bietet die Möglichkeit, sich im Verstehen von Symbolen zu üben und mit symbolischem Material zu arbeiten. Die kreative Arbeit mit Traumerzählungen kann dabei helfen, sich im Wechselspiel zwischen bewusstmethodischer und unbewusst-intuitiver Arbeit zu üben. Ein sorgfältiger Austausch in einer geeigneten Berufsgruppe kann dazu beitragen, ein Gespür für den Zusammenhang von Arbeit und persönlicher Entwicklung zu entwickeln.

Träume erzählen Geschichten, die entweder tragisch oder lustig, realistisch oder surrealistisch, lyrisch oder prosaisch, dramatisch oder grotesk sind. Träume zu erzählen ist in der Regel durch den Wunsch motiviert, ihre Bedeutung zu entschlüsseln, besonders wenn es um intensive Emotionen geht. Dialoge über Träume können zu neuen Ideen, Mustern und Stilen inspirieren. Diese sind kreative Alternativen zur Geschichte, die im Traum erzählt wurde.

Dabei ist im Sinn zu behalten, dass Träume nie die Realität als solche darstellen. Vielmehr werden eigene "Traumwirklichkeiten" geschaffen und mit narrativen Mitteln weiterentwickelt.

In einem Organisations-Kontext ist der psychotherapeutische Umgang mit Träumen meist unangemessen, und normalerweise sind auch keine Traumexperten am Werk. Dialoge über Träume können jedoch einen Zugang zu dem eröffnen, was hinter der Bühne passiert. Der Dialog anhand von Träumen, z.B. in einem Projektteam, kann dazu anregen, intuitive gegenseitige Bezogenheit offen zu legen und subjektive Entwicklungen zu kommunizieren. Dies kann jeder tun, d.h. es ist kein Expertenstatus dafür erforderlich. Kreativ und experimentell zu sein, sind universelle Talente. Ob diese zur Bereicherung des Unternehmens beitragen, hängt von der Kultur von Kommunikation und Beziehungsgestaltung allgemein ab.

10.9. Die Theatermetapher

Um über Wirklichkeit und ihr Entstehen zu sprechen, eignet sich Theater als Metapher perfekt. Auf einer Bühne wird Wirklichkeit bewusst inszeniert und jeder kennt viele Komponenten, um dies zu bewerkstelligen. Daher sind die meisten Menschen intuitiv in der Lage, auf einfache Weise die Komponenten eines Theaterstücks als Metapher zu benutzen, um direkt über Konstruktion von Realität zu diskutieren.

Für Zusammenhänge, die sowohl die persönliche Arbeit als auch die Organisationswirklichkeit beinhalten, kann man mit fünf metaphorischen Schlüsselkomponenten beginnen: Rollen, Bühne, Thema, Story und Inszenierungsstile. Aus diesen Perspektiven der Theatermetapher kann auf das zu inszenierende Stück geschaut werden.

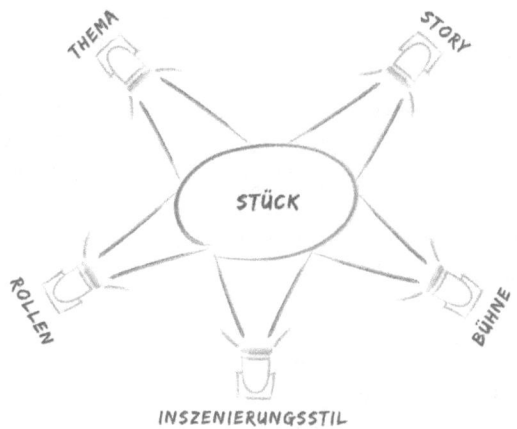

THEMA STORY

STÜCK

ROLLEN BÜHNE

INSZENIERUNGSSTIL

Abb. 31: Perspektiven der Theater-Metapher (Schmid/Wengel 2001)

Nehmen wir einmal an, Shakespeares "König Lear" würde aufgeführt, und wir finden zum Beispiel die Rolle des Königs, die Rollen der „untreuen" Töchter und der „treuen", die Rolle des treuen Dieners, etc.

Das Stück beschäftigt sich mit Themen wie Vertrauen, Naivität, Machtgier, unverhohlener Undankbarkeit, Verrat und Grausamkeit. Die Geschichte erzählt, dass ein mächtiger Mann, der es leid ist, König zu sein, seine Macht aufgeben und sein Leben ändern will, um mehr geliebt zu werden und Großzügigkeit und Dankbarkeit zu erhalten. Aber er ist naiv und missversteht den Charakter der Situation und seiner eigenen Kinder. So schafft er einen Raum für Verrat und verliert am Ende alles. Sowohl seine Familie als auch sein Königreich ereilt eine tragische Selbstzerstörung.

Welche Phasen kann dieses Spiel durchlaufen?

Es kann sowohl auf großen Bühnen mit vielen Spielern als auch auf kleinen Bühnen gespielt werden. Ereignisse können offen auf der Hauptbühne oder verborgen in Räumen dahinter dargestellt werden. Der Stil des Spiels kann entweder opulent sein, um die Inszenierung königlicher Attribute und Schlachten zu feiern, oder die Inszenierung kann auf die Schlüsselpersonen und deren szenische Dialoge in Outfits und Stilen wie bei dir und mir reduziert werden. Es kann mit intensiven Gesten und Gefühlen in elegischen Szenen oder leise, vielleicht sogar nonverbal auf das Wesentliche reduziert gespielt werden.

Im Theater gibt es weitere Aufgaben und Funktionen: "Wer schreibt das Drehbuch?" und "Wer führt die Regie?" usw. In der Regel beginnen wir jedoch mit der Frage: "Was sind die Themen und in welcher Geschichte werden sie behandelt?", „In welchen Szenen wird die Geschichte erzählt?", "Welche Rollen gibt es und wie sind die Beziehungen", "Auf welchen Bühnen wird das Stück in welchem Stil aufgeführt?"

10.10. Persönlichkeit und die Theatermetapher

Die "Theatermetapher" kann für eine anschauliche Beschreibung der Persönlichkeit verwendet werden (siehe Abb. 32).

Die Metapher bezieht sich jedoch nicht in erster Linie auf ein psychologisches oder biographisches Verständnis von Persönlichkeit, sondern darauf, wie jemand seine Persönlichkeit in Lebensepisoden aktiv inszeniert. Persönlichkeitsfragen sind daher in einem zeitlichen und räumlichen Rahmen konkretisiert. Ohne besondere Fachkenntnisse kann jeder seine Beobachtungen, Intuitionen und Fantasien dazu einbringen und die anderer kann das kommentieren. Auch wenn die Einschätzungen anderer letztlich nicht plausibel oder belastbar sind, ist es interessant, etwas über sie zu wissen, da sie normalerweise ihre Einstellungen und ihr Verhalten sowieso beeinflussen.

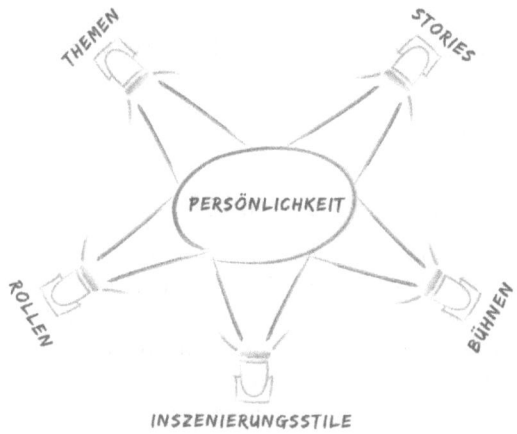

Abb. 32: Persönlichkeit in Perspektiven der Theater-Metapher
(Schmid/Wengel 2001)

Jede Persönlichkeit kann als ein Portfolio von Rollen, Themen, Bühnen und Stories sowie Stilen, in denen Dinge zum Ausdruck kommen, beschrieben werden. Diese Komponenten beinhalten die gesamte Persönlichkeit in Aktion. Durch Betrachtung eines solchen Profils können wir die aktuell vordergründige Persönlichkeit beschreiben, sowie intuitiv Einblicke in Persönlichkeitsdimensionen gewinnen, die im Hintergrund verborgen bleiben. Die Abfolge der Lebensszenen und ihre Qualitäten spiegeln zusammen den Lebenslauf (Curriculum Vitae) und seine Bedeutung wider. Wenn man über Change nachdenkt, macht es einen Unterschied, welche Kombination von Rollen, Themen, Stories, Bühnen oder Stile einer Person eine Chance für Erfolg bietet. Normalerweise ist es nicht schwierig, gute Hinweise von anderen zu erhalten.

Zum Beispiel kann man so herausfinden, dass nicht der Wechsel von Themen oder Rollen, sondern von Bühnen und Inszenierungsstilen helfen könnte, die eigene Wirklichkeit besser zu gestalten.

10.11. Organisation und die Theatermetapher

Was für das Individuum die Persönlichkeit ist, ist für eine Organisation die Kultur. Wie Zeit, Leistung und Zufriedenheit strukturiert werden, ist nicht nur eine Perspektive für den Einzelnen, sondern auch für das Unternehmen. Mithilfe der Theater-Metapher kann die Kultur eines Unternehmens beschrieben und können Beziehungen innerhalb von Teams, Organisationen und Abteilungen betrachtet werden. Solange Team- und Organisationskultur recht homogen sind wirkt Wirklichkeit "natürlich" und nicht wie eine inszenierte Realität. Wenn unterschiedliche Arten mit Wirklichkeit umzugehen in neuen Teams aufeinanderstoßen, wird deutlich, dass eine neue Realität in Kraft tritt, und es muss diskutiert werden, wie sie designt und umgesetzt werden soll. Dies gilt umso mehr für Fusionen, bei denen sehr unterschiedliche Kulturen aufeinandertreffen können. Oftmals unterschätzen die Protagonisten in solchen Prozessen die notwendigen Mühen, sich über unterschiedliche Ansichten und Gewohnheiten auszutauschen und gemeinsam Wege zur Integration und Umsetzung zu finden. Es ist nicht verwunderlich, dass so viele Fusionen scheitern, auch wenn wirtschaftlich alles vertretbar schien.

Hier kann die Theatermetapher helfen, über gemeinsame Inszenierungen zu sprechen (siehe Abb. 33), und damit vielleicht Fusionen erfolgreicher und befriedigender zu machen.

Abb. 33: Gemeinsame Inszenierung illustriert durch die
Theatermetapher (Schmid/Wengel 2001)

11. Wirklichkeitsstile teilen

11.1. Warum Stile?

Ob die Teilhabe am Leben und die Schaffung von Realität bereichernd ist, hängt in mehr Situationen als wir normalerweise annehmen von der Passung der Stile ab. Abgesehen davon, was andere auf gemeinsamen Bühnen spielen, sind wir meist stark davon beeinflusst, wie sie spielen. Donald Trump oder Angela Merkel haben sehr unterschiedliche Stile, unabhängig davon, was sie auf der inhaltlichen Ebene tun oder welche Rolle sie spielen. Ein strategisches Treffen in einer militärischen Einheit unterscheidet sich von einem Greenpeace-Meeting, unabhängig vom Thema.

Professioneller Stil ähnelt einem Tanz-Stil. Wie beim Tanz geht es bei Kultur darum, wieder und wieder zu üben. Das Erlernen eines Stils kann nicht durch das Erlernen eines einzigen Tanzes erreicht werden. Indem der beabsichtigte Stil am Beispiel eines Tanzes in verschiedenen Tanzabschnitten trainiert wird, wird er im Laufe der Zeit körperlich verankert. Dann kann der Stil auf andere Tänze übertragen werden, auch auf solche, die noch nie geübt wurden. Jeder kann sofort spüren, dass es eine Übereinstimmung mit dem beabsichtigten Stil gibt, auch wenn er die Indikatoren für diese Beurteilung nicht konkret benennen kann.

"Stil" ist ein "Containerbegriff", der allgemein beschreibt, wie sich Menschen und Systeme organisieren und ausdrücken. Wie verhalten sich Menschen beispielsweise zu Spannung und Entspannung, wenn sie mit anderen Menschen interagieren? Neigen sie zu Begeisterung oder eher zu Besinnlichkeit?

Stilbeschreibungen können für Einzelpersonen und für Gruppen verwendet werden. Sie können aber auch dazu verwendet werden, die Kultur größerer Konfigurationen wie Teams, Abteilungen und Organisationen zu beschreiben.

Interessanterweise finden wir Stiltraditionen, die bestehen bleiben, obwohl derzeit kein Promotor identifiziert werden kann. Wie in anderen kulturellen Dimensionen scheint der Stil zu denjenigen Dingen zu gehören, die eher unbewusst reproduziert werden. Zu untersuchen, wie Stile überleben und sich anpassen und wie sie selektiv verändert werden können kann einem die Augen öffnen (vgl. auch Kapitel 7.7 Systemlernen).

Zufriedenheit in beruflichen und persönlichen Beziehungen hängt in hohem Maße vom Zusammenpassen von Stilen ab. Insbesondere ob jemand eine positive Einstellung zu anderen Stilen hat oder gegen sie allergisch ist. Das Versäumnis, Stile abzugleichen, kann zu Unzufriedenheit und Kraftverlust bei allen führen. Diskrepanzen in den Stilen werden oft als Meinungsverschiedenheiten fehlgedeutet. Der Dialog über Stile als akzeptierter Bestandteil von Kommunikation kann dazu beitragen, Bezogenheit und Leistung aufrechtzuerhalten. Solche Dialoge können Irritationen in der Frühphase von Beziehungen verhindern und den Weg zu Klärungen ebnen. Diese Art der Metakommunikation erfordert jedoch eine für die Diskussion von Stilen geeignete Sprache und damit Erfahrung im Dialog mit anderen Stilen. Eine solche Sprache wird sicher eher metaphorisch sein.

Dieses Kapitel bietet im Folgenden einen Überblick über einige Konzepte, die sich für die Umschreibung von Stilen im professionellen Bereich bewährt haben.

11.2. Dialog über Stile

Jeder reagiert auf Stile. In vielen Beziehungen und Prozessen werden Entscheidungen mehr oder weniger bewusst als Stilentscheidungen getroffen. Normalerweise bleibt der Einfluss von Stilen unbewusst oder wird bewusst im Verborgenen gehalten. Werden Stile erst mal bewusst, kann dies zu gezielten Diskussionen führen, um geeignetere Versionen und eventuell weiterentwickelte Stile zu ermöglichen. In unserer Kultur ist es ziemlich ungewöhnlich, explizit über Stile zu sprechen, denn Stil wird als etwas Natürliches, Persönliches und Intimes wie der menschliche Körper erlebt. Die Überwindung dieses Tabus öffnet die Tür zu einem aktiven Dialog über Stile und gegenseitiges Lernen.

Betrachten wir ein Beispiel, wie Stil ausdrücklich zum Thema gemacht werden kann:

Einmal im Jahr besuche ich unsere Trainingsgruppen und mache einige Coachings, die unseren Beratungsstil illustrieren sollen. Anstatt ein allgemeines Aufwärmgespräch zu führen und dann mit dem Coaching zu beginnen, spreche ich zuerst mit den Coachees und der Trainingsgruppe über unsere persönlichen Stile. Um eine Beziehung auf Augenhöhe zu erreichen, sage ich ihnen, dass jeder sich selbst seit vielen Jahren kennt. Jeder ist Experte für die eigene Erfahrung und kann anderen sagen, was funktioniert und wie. Deshalb brauche ich ihre Hinweise und ihre Anleitung auf der Metaebene. Das Motto lautet: "Was du über mich wissen solltest, und darüber, wie ich gebaut bin" oder "Wenn Du Freude an mir haben willst, hier ist eine Bedienungsanleitung für mich." Dann prüfe ich, ob unsere Erwartungen miteinander vereinbar sind. Wir vereinbaren auch, bei Bedarf das Gespräch für Meta-Kommunikation zu unterbrechen. Gebrauchsanweisungen gebe ich auch über mein Vorgehen und meinen Arbeitsstil.

Hinweise zum Arbeitsstil (Beispiel):

1. Ich arbeite intuitiv. Wenn mir etwas in den Sinn kommt,

biete ich es als Erkundungsmaterial an. Es kann sich herausstellen, dass es relevant ist oder nicht. Wenn nicht, lasse ich es wieder los.

2. Wenn ich eine Anmerkung zum Prozess habe, werde ich sie „zu Protokoll geben". Es besteht keine Notwendigkeit, sich sofort damit zu befassen. Sie ist dazu gedacht, gespeichert zu werden, nur für den Fall, dass wir uns später damit befassen wollen.

3. Ich beschränke mich nicht auf das, was in der Situation auch verfolgt werden kann, sondern kommentiere, was sonst vielleicht der Aufmerksamkeit entgeht. Die Audio-Aufzeichnungen kann man später anhören und mit Kollegen diskutieren.

4. Bitte lasst mich wissen, wenn ihr eine meiner Verhaltensweisen irritierend findet. Ich bin tolerant und man kann offen mit mir reden, so wie man fühlt und denkt.

5. Ich grabe oft nicht tiefer, weil mir Muster auf der Oberfläche meist wichtiger erscheinen. Lieber experimentiere ich mit neuen Perspektiven, als bereits bekannte noch mehr zu hinterfragen.

6. Ich neige dazu, die Dinge leicht zu nehmen, wenn das angemessen ist. Das Leben ist schwer genug. Humor macht es leichter und ist eine angenehme Art, etwas Distanz zu gewinnen.

7. Ich arbeite mit Transparenz. Wenn du wo besser verstehen willst, was ich meine, frag einfach und ich werde es dir sagen, was ich weiß.

8. Lasst uns eine Lerngemeinschaft bilden. Wenn ich an einer Idee "kaue", sie aber nicht sofort greifen kann, werde ich

es dir sagen. Sie könnte relevant sein. Lassen Sie uns also zusammenarbeiten, um gemeinsam herauszufinden und zu schärfen, was wichtig ist.

9. Ich neige dazu, mit verschränkten Armen zu sitzen. Bitte nimm das nicht als defensive Haltung gegen dich. Wähle Augenkontakt und den Ausdruck der Emotionen so, wie Du Dich wohlfühlst. Ich bin bereit, mit deinen Emotionen umzugehen, aber überlasse es dir, zu entscheiden, inwieweit du in sie einsteigen willst.

10. Ich biete dir Anweisungen oder Ratschläge an, wann immer ich es für nützlich halte. Wenn du denkst, dass es unangebracht oder nicht hilfreich ist, lass es mich einfach wissen.

Selbstdeklarationen und Angebote wie diese illustrieren persönlichen Stil. Abgesehen davon, dass es in diesen Situationen Gespräche über Eigensteuerung und Eigenverantwortung provoziert, ist es eine interessante Selbsterfahrung, solche Selbstbeschreibungen zu formulieren, und dazu, und zum nachfolgenden Verhalten Feedback zu erhalten.

11.3. Selbsterfahrung zu Stilen

Da sich die meisten Menschen ihrer Stile nicht recht bewusst beziehungsweise es nicht gewohnt sind, über sie zu sprechen, brauchen sie Selbstwahrnehmung und Austausch, die durch Übungen und Fragen mit zu Stilen verbessert werden. Übungen zu Stilen können Menschen in Kontakt mit ihrem aktuellen Stil und dessen Geschichte bringen. Solche Selbsterfahrung kann durch viele Fragen fokussiert werden.

Fragen zu Selbsterfahrung bezüglich Stile:

1. Jemand geht mit einer Situation überraschend anders um als du es getan hättest. Finde ein Beispiel. Wie würdest du die Unterschiede beschreiben?

2. Stell Dir ein Ereignis vor, bei der man sich spontan "zu Hause" fühlt und das Gefühl hat "So sollte man die Dinge handhaben". Wie würdest Du dieses Ereignis und seine Komponenten beschreiben?

3. Wie würdest du Personen beschreiben, mit denen Du leicht in Kontakt kommst? Was irritiert Dich eher in Beziehungen? Was sagen deine Beschreibungen darüber, welcher Stil für dich wichtig ist?

4. Angenommen, Du entscheidest dich, ein wichtiges berufliches Thema mit Kollegen Deiner Wahl zu besprechen. Welchen Stil im Umgang damit erwartest Du?

5. Angenommen, die gleichen Themen würden in einem offiziellen Meeting oder in Anwesenheit von Chefs diskutiert. Was wäre da anders?

6. Welche Kommentare Deines Lebenspartners / Deiner Freunde / Kollegen fallen Dir ein, wenn sie versuchen „typisch Du" zu beschreiben?

7. Welche Anekdoten oder Episoden würden die Leute erzählen, wenn sie veranschaulichen wollten: "Das warst Du mal wieder typisch Du!"?

8. In welchem Umfeld bist du aufgewachsen? Auf welche typischen Weisen wurde dort mit Problemen und Menschen umgegangen? Wie ging es Dir damit?

9. Wenn Du Dir Situationen in Deiner privaten Welt einerseits und in Deiner beruflichen andererseits ansiehst, wo sind Gemeinsamkeiten und wo Unterschiede?

10. In welchen Situationen kannst Du andere stark beeinflussen? Wie machst du das? Welche Atmosphäre entsteht?

11. Wann erlebst Du, dass sich der Stil eines Teams (einer Abteilung, einer Firma) von Deinem persönlichen Stil unterscheidet? Was genau sind diese Unterschiede? Welche Vor- und Nachteile haben diese Unterschiede?

12. Wann Du eine Begegnung zweier Teams / Abteilungen / Organisationen erlebst, die sich mit Themen von gemeinsamem Interesse befassen? Welche Stilunterschiede kannst Du identifizieren? Wie erklärst Du diese Unterschiede?

11.4. Feedback und Spiegelung

Um den eigenen Stil näher zu erforschen zu können, braucht jeder das Feedback und die Spiegelung anderer.

Feedback sollte normalerweise mehr Beobachtbares bereitstellen und dabei einfaches Etikettieren (wie z.B. „uninteressiert") vermeiden, Verhalten beschreiben („schaut den Sprechenden nicht an, unterbricht und spricht dann ohne erkennbaren Bezug von etwas anderem") und beobachtbare Auswirkungen bzw. hervorgerufene Reaktionen benennen („Partner schaut irritiert und etwas verloren, zieht sich zurück oder reagiert ärgerlich").

Feedback sollte mehr charakterisieren als bewerten. Wenn man lernt, bestimmte Verhaltenselemente spezifisch zu beschreiben, ist man davor gefeit, ungeprüfte Phantasien auszuagieren.

Kombiniert man Feedback zum Beispiel mit dem Rollenmodell, regt das einen Austausch über angemessenes Rollenverhalten an. Normalerweise ist auch hilfreich, vielfältiges Feedback von verschiedenen Partnern zu erhalten. So können Beobachtungen besser gewichtet werden und das Erkennen signifikanter Muster erhält eine bessere Chance.

Der Begriff Spiegelung wird normalerweise dann verwendet, wenn mehr intuitive Eindrücke einbezogen und Bilder sowie kleine Erzählungen für Beschreibungen verwendet werden. Statt eine Schritt-für-Schritt Wirkung in beobachtbaren Kategorien sind hier mehr komplexe Eindrücke und Resonanzen im Fokus. „Wenn ich Dich in Interaktion erlebe, kann ich nicht spüren, dass Du irgendwie daran interessiert bist, was diese Person auszudrücken versucht. Ich vermisse dann eine Haltung von Unterstützung und stelle mir vor, dass mir deshalb nicht danach wäre, Dir sensible Dinge mitzuteilen. Daher würde ich eher eine tiefergehende Konversation mit Dir meiden und Widerstände entwickeln, Dir zuhören zu wollen, wenn Du dann dran bist. Wenn ich das jetzt so klar bekomme, merke ich, dass das so zwischen uns auch schon mehrfach gelaufen ist, ohne dass mir das richtig bewusst wurde, und ich bekomme Lust, unseren Umgang miteinander bereichernder zu gestalten."

Von anderen gespiegelt zu werden, Resonanz auf die eigene Seinsweise und den eigenen Stil zu erleben und zu verstehen, ist ein Grundbedürfnis von vielen Menschen. Eine Kommunikationskultur zu fördern, in der dieses Bedürfnis in qualifizierter und kontextgemäßer Weise befriedigt wird, ist ein starker Beitrag zu Organisationskultur. Wird Spiegelung mit intuitiven und narrativen Vorgehensweisen wie in Kap. 10 beschrieben kombiniert, wird sie noch wirkungsvoller und bewirkt viel Verbundenheit.

Deshalb ist es eine lohnende Investition, Feedback- und Spiegelungsprozesse zu pflegen und darin richtig gut zu werden.

11.5. Milieu und Stile

Personen oder Organisationen haben keine freie Wahl bei der Entwicklung von Stilen. Stile haben immer eine Geschichte und werden durch die Milieus bestimmt, in denen die Person aufgewachsen ist, beziehungsweise in dem sich die Organisation entwickelt hat. Wann immer sich Einzelpersonen oder Organisationen treffen, begegnen sich auch Milieus.

Vor allem Angehörige der Mittelschicht neigen dazu, diesen Einfluss zu leugnen. Das könnte damit zu tun haben, dass sie nicht mit Irritationen umgehen wollen, z.B. der Angst, Status zu verlieren, oder nicht mit anderen mithalten zu können, die besser ausstattet zu sein scheinen. Sie streben lieber danach, entweder Mitglied in einem privilegierten Milieu zu werden oder zumindest dort als wichtig zu gelten. Mitglieder privilegierter Milieus haben ein unmittelbares und waches Bewusstsein dafür, ob andere ihr Milieu teilen oder nicht. Milieufremden werden sie sicherlich weder die damit verbundenen Konsequenzen offen legen noch daran interessiert sein, über ihre eigenen Privilegien zu diskutieren und "Neid-Debatten" zu führen. Dies gilt insbesondere, wenn sie hoffen, dass "milieuübergreifende Beziehungen" Vorteile für sie selbst haben.

Allerdings sollten sich Professionelle solcher Milieubarrieren bewusst sein, sonst verstehen sie vielleicht nicht, warum bestimmte Positionen oder Einflüsse unerreichbar bleiben. Mittelschichtler zum Beispiel setzen beim versuchten Aufstieg auf Leistung und rechnen vielleicht nicht damit, dass Leistung für Zugehörigkeit zur oberen Klasse weniger bedeutsam ist als Status und Beziehungen. Die Aufmerksamkeit für Milieu ist auch für Energie und Würde wichtig. Wie in den Kapiteln 6.3 und 6.4 erläutert, ist es durchaus möglich, ein angemessenes Niveau an Rollen- und Kontextkompetenz zu entwickeln. Aber möglicherweise kommt dies von einem Herzen, das durch Gewohnheit und Loyalität noch an seine Herkunftsmilieus gebunden ist. Auch wenn es dann gelingt, ein akzeptiertes Mitglied des gewünschten Milieus zu werden, kann eine solche Milieu-Migration dauerhaft Seelenkraft kosten oder das Wohlbefinden auf einem erfolgreichen Karriereweg beeinträchtigen.

Es gibt keine vordefinierten Antworten auf Fragen wie diese, aber es ist wichtig, solchen Wahrnehmungen und Überlegungen eine Chance zu geben. Es war Konfuzius, der sagte: "Es ist eine Frage der Reife und Würde, seinen Platz im Leben zu erkennen und zu akzeptieren." Doch ist dies sicherlich kein Argument dagegen, Wahlmöglichkeiten bezüglich Milieus zu prüfen und sich in gewünschten Milieus zu beheimaten.

11.6.   Identitätsüberzeugungen

"Wer bin ich?" ist eine Frage, die den Menschen sein ganzes Leben lang bewegt. Menschen brauchen Identität, sind immer auf der Suche nach einer Selbstdefinition, die sie für angemessen halten, und versuchen, Selbstdefinitionen zu vermeiden, die als nicht angemessen oder restriktiv oder gar selbstzerstörerisch erlebt werden. Deshalb identifizieren kleine Jungen sich selbst mit Superman, verspotten aber andere und nennen sie "Feiglinge". Ohne es zu wollen, kann ein Mensch für solche Zuschreibungen anfällig sein und unter entsprechenden Umständen ungeliebte Identitätszuweisung „Feigling" adoptieren. Dies geschieht meist unbewusst und die akzeptierte Identitätszuweisung wirkt im Hintergrund. Versuche, sich durch „mutiges Verhalten" dagegen zu stemmen, selbst, wenn es gelingt, kann diesen Glauben, eigentlich ein Feigling zu sein, oft nicht infrage stellen. Verhalten hilft nicht unbedingt, die Identitätsüberzeugung zu korrigieren. Man kann sich wie ein Feigling fühlen, der ausnahmsweise mutig gehandelt hat.

Man weiß nicht viel über die Bedingungen, die zu einem Austausch von Identitätsüberzeugungen führen. Dies geschieht jedoch am ehesten im Zusammenhang mithilfe wichtiger anderer. Manchmal zeigt ein Mensch, dass er eine unangemessene Identitätsüberzeugung angenommen hat, indem er sich entweder in Übereinstimmung mit ihr verhält oder sich gegen sie stemmt. Beides fühlt sich falsch an, da die zugrunde liegende Überzeugung dadurch nicht korrigiert wird. Interessanterweise übernehmen andere intuitiv solche Überzeugungen, die hinter dem daran angepassten oder dagegen gerichteten Verhalten liegen, erkennen sie aber nicht als akzeptierten Irrtum über Wesensart. Sie stellen das Verhalten, aber nicht die dahinterstehende Überzeugung in Frage, sondern teilen das Glaubenssystem durch Bestätigung irgendeiner Art oder ebenfalls durch dagegen Stemmen.

Wie bei den Dilemmata (vgl. Kapitel 9.3) ist es wichtig, das Konzept der Identitätsüberzeugungen zu kennen, um den in der Situation befindlichen Menschen wirklich helfen zu können. Dabei muss man Identitätsüberzeugungen als falsch markieren, obwohl das Verhalten den Identitäts-Irrtum plausibel und scheinbar authentisch macht. Es ist wichtig zu wissen, dass weder absichtliches Verhalten noch gegenteiliges Erleben Identitätsüberzeugungen verändern. Ein zusätzlicher "Vorgang" ist erforderlich, um Veränderung auf der Ebene der Identitätsüberzeugungen zu erzielen.

Hier hilft das Ritual: **"Ausweis ändern"**.

Betrachten wir ein kurzes Beispiel, wie sich der Glaube an eine professionelle Identität nachhaltig verändert hat.

Ein Psychotherapeut, der viele Jahre lang als Organisationsberater ausgebildet worden war und praktiziert hatte, kam zu einer Coaching-Sitzung und beklagte, dass er bei jeder Diskussion mit einem CEO das Gefühl hat, jegliche Stärke und Orientierung zu verlieren, selbst bei Fragen, die zuvor mehrmals behandelt wurden. Das hatte vielleicht mit seinem Vater zu tun, der nie geglaubt hatte, dass er ein erfolgreicher Organisationsberater sein könnte, und seinem ehemaligen professionellen Mentor, der seinen Plan, als Psychotherapeut jetzt in dieses Geschäft zu wechseln, nicht mochte. Im Inneren fühlt er sich immer noch wie ein Psychotherapeut, der einen Organisationsberater mimt. Dann zieht er sich entweder darauf zurück, wie ein Psychotherapeut zu handeln oder rebelliert, indem er extrem wie ein Geschäftsmann agiert. Beide Varianten überzeugen weder ihn selbst, geschweige denn den CEO.

Deshalb fragte ich ihn in einem Ritual nach seinem virtuellen Personalausweis und sagte: "Ich bin eine Autorität sowohl auf dem Gebiet der Psychotherapie als auch auf dem Gebiet der Organisationsberatung. Wenn ich mir den Personalausweis ansehe, sehe ich allein "Psychotherapeut" als unveränderliche Eigenschaft eingetragen. Um der tatsächlichen Entwicklung Rechnung zu tragen, füge ich "Organisationsberater" „von Amts wegen" ein und bestätige dies durch Stempel und Unterschrift. Jetzt ist deine Identität offiziell erweitert und das gilt, egal ob du dich wie der eine oder der andere verhältst. Du kannst und musst nichts durch Verhalten beweisen. Du musst nicht einmal selbst daran glauben. Da es offiziell dokumentiert ist, ist es unabhängig davon wahr."

Diese paradoxe Botschaft veränderte irgendwie die dahinterliegende Identitätsüberzeugung.

Von diesem Zeitpunkt an verschwanden nicht nur die beschriebenen Schwierigkeiten, sondern er fühlte sich nun wie ein Organisationsberater, ohne viel Aufhebens davon zu machen. Außerdem beendete er weiteres Training, weil es unnötig war. Unspektakuläre, aber essentielle Identitätsveränderungen können sich so eindrücklich manifestieren.

11.7. Einiges zu Persönlichkeitsstil

Häufig werden in professionellen Trainingsgruppen Konzepte aus der Persönlichkeitspsychologie und Psychotherapie zur Beschreibung von Persönlichkeit und individuellen Stilen verwendet.

Aber normalerweise können diese Konzepte kaum für das Lernen in den Organisationen selbst eingesetzt werden, da sie in einem nicht-psychologischen Bereich nicht akzeptiert werden. Da isb-Teilnehmer Profis mit den unterschiedlichsten Hintergründen sind, ist es wichtig, eine Sprache und Ansätze zu verwenden, die leicht verständlich sind und in einem selbstgesteuerten Modus in ihren eigenen Bereichen angewendet werden können. Aus diesen Voraussetzungen ergibt sich die folgende Auswahl an nützlichen Konzepten, die am isb für eine allgemeinere und nicht speziell psychologische Verwendung entwickelt oder angepasst wurden.

11.8. ICH-ES und ICH-DU Typ

Menschen im ICH-ES-Stil konzentrieren sich vorrangig auf Inhalte, Zwecke und Leistung.

Ihr bevorzugter Fokus in Beziehungen sind Themen und das Erreichen eines Ergebnisses. Sie beziehen sich in Begegnungen solange gut aufeinander, wie ihre Präferenz mit der der anderen übereinstimmt.

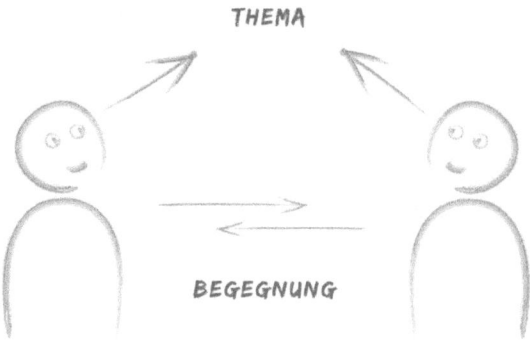

Abb. 34: ICH – ES PRÄFERENZ TYP (SCHMID 1998)

ICH-DU-Stil Menschen sind vorrangig auf andere Menschen ausgerichtet. Sie interessieren sich für Themen und leisten dann gute Arbeit, wenn sie sich in einer Beziehung geschätzt und als Individuen gesehen fühlen.

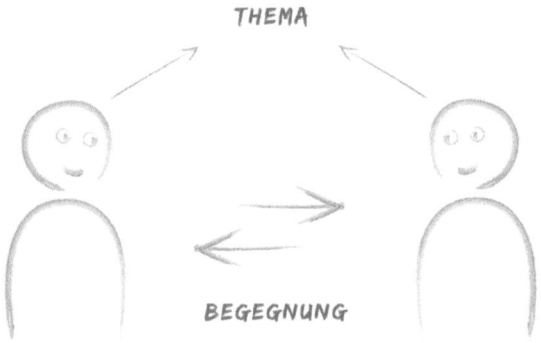

Abb. 35: ICH <–> DU PRÄFERENZ TYP (SCHMID 1998)

Diese unterschiedlichen Beziehungsstile bestimmen die Kommunikation mehr als üblicherweise angenommen. Wenn es zu einem Konflikt mit gegenseitiger Polarisierung kommt, können Stilunterschiede extrem und inkompatibel erscheinen. Dann wird aus der Perspektive des ICH-ES-Stils gefordert, zuerst das gemeinsame Interesse an Themen und Zielen zu fixieren, während aus der Perspektive des ICH-DU-Stils zuerst gegenseitiger Respekt und gegenseitiges Verständnis auf der Beziehungsebene eingefordert wird. Häufig werden diese beiden Positionen polarisiert und wenden sich gegeneinander. Um in einen Bereich der Kompatibilität von Stilen zu gelangen, sollte jeder zuerst motiviert werden, den jeweils anderen Stil zu respektieren. Sobald beide Stile wieder mehr auf Komplementarität ausgerichtet sind, verschwinden oft Konflikte um Themen und Macht.

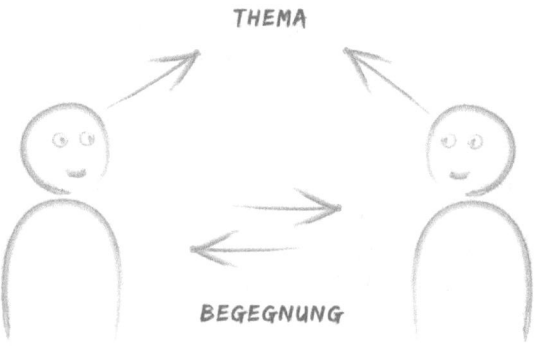

THEMA

BEGEGNUNG

Abb. 36: integrierter ICH <–> DU / ICH <–> ES PRÄFERENZ TYP
(SCHMID 1998)

Obwohl verschiedene Stile unter normalen Bedingungen ausgeglichen werden können, können sich die Unterschiede unter
Druck polarisieren. Umso wichtiger ist es, sich um das Gleichgewicht und die Integration beider zu bemühen. Manchmal ist
der Stil einer ganzen Gruppe oder Organisation zu einseitig
vom ICH-DU- oder ICH-ES-Stil dominiert.

Sobald Menschen ihren eigenen Stil verstehen und bereit sind,
die Stile anderer zu verstehen, werden sie fähiger, ihre Kom-
munikationsmuster angemessen zu wählen und anzupassen.
Menschen können lernen, über verschiedene Stile zu kommunizieren und mit Unterschieden zurechtkommen. Jeder sollte
lernen, beide Dimensionen zu schätzen und Kontakt mit den
Präferenzen anderer aufzunehmen, insbesondere in Konflikten. Dann können Konflikte deeskaliert und akzeptable Stile
verhandelt werden.

11.9. Übung ICH-DU/ICH-ES Stil

Der bewusste Umgang mit dem entgegengesetzten Stil macht Führung und Zusammenarbeit erfolgreicher und befriedigender.

Betrachten Sie diese Übung: Denke an eine Person in Deiner Organisation, mit der Du Schwierigkeiten hast, sie zu beeinflussen und mit ihr zu kommunizieren. Frage Dich selbst: "Was ist mein Beziehungsstil? "ICH-ES oder ICH-DU"? "Was denke ich, was der Stil der anderen Person ist? Wenn du versuchen würdest, dem Stil dieser Person entgegenzukommen, was wäre dann anders? Wie würdest du dich fühlen? Was würdest du hoffen und fürchten? Kennst du jemanden, der mit dieser Person gut zurechtkommt? Warum? Was macht den Unterschied?

Wenn Sie Aufmerksamkeit entlang der oben genannten Fragen entwickeln, wird Ihnen das helfen, Ihre Wahrnehmung und Kommunikation zu steuern. Wenn man den Stil einer anderen Person nicht versteht, fühlt es sich an, als würde man an die falsche Tür klopfen.

11.10. Intensitäts - Verstärker und Verminderer

Es gibt zwei Ausdrucksstile rund um Erregung, die wir "Intensitätsverstärkung" und "Intensitätsverminderung" nennen. Jede Organisation wird eine Mischung aus beiden Stilen oder Typen haben.

Intensitätsverstärker begrüßen Erregung, da sie auf diese Weise zum Ausdruck bringen können, dass sie etwas Wesentliches erleben oder suchen. Intensitätsverminderer begrüßen Erregung nicht wirklich. Ruhe ist ihre Art, sich auszudrücken, wenn sie etwas Wesentliches erleben oder suchen.

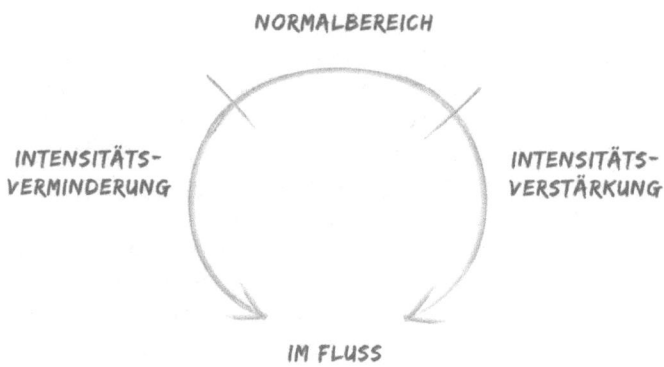

NORMALBEREICH

INTENSITÄTS-
VERMINDERUNG

INTENSITÄTS-
VERSTÄRKUNG

IM FLUSS

Abb. 37: Umgang mit Intensität (Schmid 1998)

Intensitätsverstärker bevorzugen Themen und Beziehungen, die ihnen die Möglichkeit geben, sich zu begeistern und intensive Gefühle auszudrücken. Sie sind irritiert von Stille und fühlen sich wohl, wenn Dinge „aufgeheizt" werden. Intensitätsverminderer können eine Idee aufgreifen und daran arbeiten, aber trotzdem keine Erregung zeigen oder ihre Gefühle ausdrücken. Sie sind von Intensität irritiert und brauchen eine ruhige Gemütslage, um sich wohl zu fühlen. Beide Stile entsprechen zwei Richtungen von Meditation und sollten akzeptiert werden, z.B. Sufi-Tanz vs. Sitzen in der Zen-Meditation. Allerdings erscheint die Kombination beider offensichtlich als schwierig. Der Konflikt entsteht, wenn man erwartet, dass andere in gleicher Weise reagieren und somit den eigenen Stil teilen.

Wir beobachten häufig Intensitätsverstärker, die versuchen, die Intensitätsverminderer dazu zu animieren, ihre Erregung über ihre Ideen zu teilen. Solche Überzeugungsversuche führen gerne dazu, das Gegenteil zu erreichen.

Der Intensitätsverminderer kann sich gestresst fühlen und sich fragen, warum die andere Person so überwältigend oder wenig geerdet auftritt. Umgekehrt, wenn ein Intensitätsverminderer andere auffordert, sich zu beruhigen, kann dies für die Intensitätsverstärker stressig sein. Er kann sich wundern, warum der andere so unberührt und passiv bleibt. Beide können nach ihrem eigenen Stil süchtig werden, sich gewöhnlich an ihn halten, ohne zu bedenken, dass sie sich Wesentlicherem vielleicht sogar mehr nähern würden, wenn sie sich in Richtung des anderen Stils bewegen würden. Deshalb muss ein Unternehmen das Beste aus beiden Stilen machen, indem es darüber spricht, welche Kombinationen in welchen Situationen hilfreich sind. Das Verständnis dieses Konzepts der Intensitätsverstärkung und der Intensitätsverminderung hilft, die Unterschiede der verschiedenen Parteien zu verstehen und Konflikte bei der Arbeit zu vermeiden.

11.11. Extraversion versus Introversion

Nach einem Konzept von C.G. Jung (1921) unterscheiden sich Menschen darin, ob ihre seelischen Kräfte vorwiegend nach außen oder nach innen gerichtet sind. Beides hat Vorzüge und Nachteile, auch abhängig davon, ob der Kontext eher extravertiert oder introvertiert ausgerichtet ist.

Auch wenn sich jemand, je nach Rolle und Kontext, unterschiedlich ausrichten kann, gibt es doch eine Hauptorientierung und es ist erhellend, wenn man diese kennt. Dadurch lässt sich oft soziale und emotionale Entwicklung besser verstehen.

Extraversion versus Introversion ist kein klar abgegrenztes Konzept und kann aus verschiedenen Perspektiven betrachtet werden. Hier werden 4 Teilperspektiven skizziert und jeweils auf eine Skala von 1 bis 7 übertragen. Durch einfache Addition kann ein Gesamtwert bestimmt werden.

11.11.1. Aufmerksamkeit

Meine Aufmerksamkeit ist häufiger nach innen und auf mich gerichtet. Da kann schon mal die Sensibilität für andere zu kurz kommen. ← → Meine Aufmerksamkeit ist häufiger nach draußen und auf die anderen gerichtet. Da kann schon mal die Sensibilität für mich zu kurz kommen.

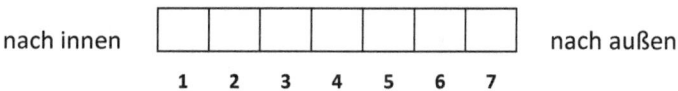

nach innen ⟨ ⟩ nach außen

1   2   3   4   5   6   7

11.11.2. Soziale Beweglichkeit

Beim Kontakt aufnehmen und informellen Zusammensein mit eher Unbekannten, bei Beziehungsgestaltung ohne Funktion für mich, bin ich stark befangen ← → ganz unbefangen.

Stark befangen ⟨ ⟩ Ganz unbefangen

1   2   3   4   5   6   7

11.11.3. Enegiehaushalt

In Gesellschaft anderer oder auf „öffentlichen Bühnen" erschöpfen sich meine Akkus und ich brauche Erholung ← → laden sich meine Akkus eher auf und ich bin voller Energie.

Akkus entladen sich ⟨ ⟩ laden sich auf

1   2   3   4   5   6   7

11.11.4. Selbstfindung

Wenn ich mich nicht mehr gut spüre, begebe ich mich gerne in eine vertraute Umgebung und wende mich meinen Themen zu ← → begebe ich mich gerne „auf Achse" und suche Anregungen in neuen Begegnungen.

	1	2	3	4	5	6	7

durch Selbst-besinnung

durch Anregung mit anderen

Für den Gesamtwert einfach die Werte für

Aufmerksamkeit, Soziale Beweglichkeit, Energiehaushalt und Selbstfindung aufaddieren.

Extravertiert? (versus Introvertiert)

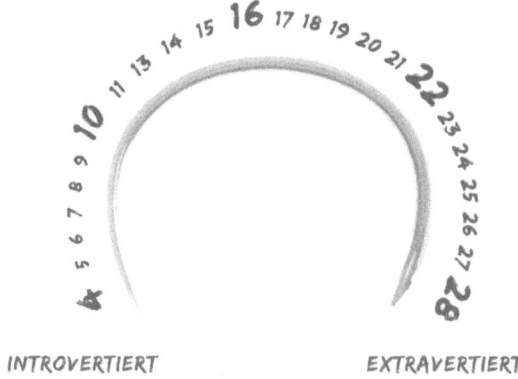

INTROVERTIERT   EXTRAVERTIERT

Aufmerksamkeit   ## Soziale Beweglichkeit

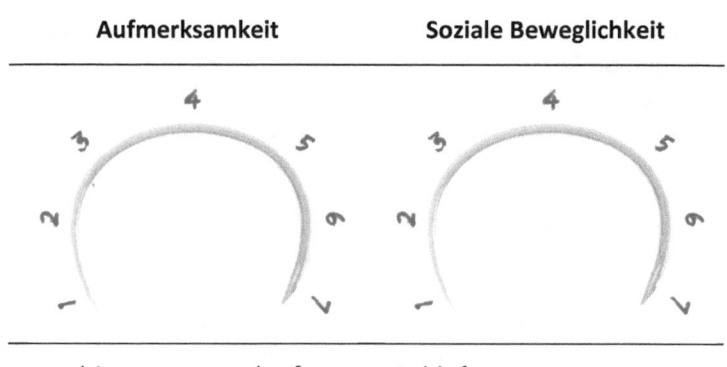

nach innen   nach außen   stark befangen   ganz
                                                    unbefangen

Energiehaushalt	Selbstfindung

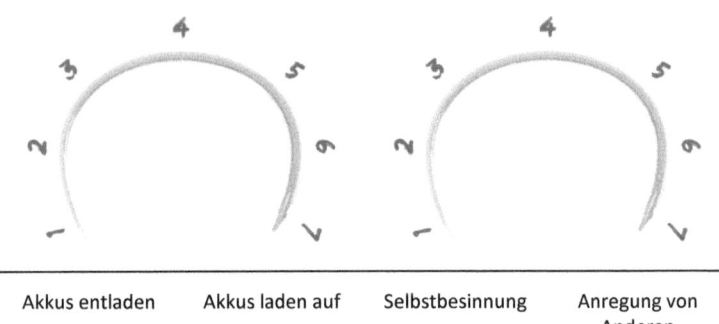

Akkus entladen	Akkus laden auf	Selbstbesinnung	Anregung von Anderen

Abb. 38: Schaubilder zu Extravertiert vs. Introvertiert

11.12. Annäherungs- und Vermeidungsstile

In unklaren Situationen neigen "Menschen mit Annäherungsreflexen" dazu, Distanz zu verkleinern, und "Menschen mit Vermeidungsreflexen" neigen dazu, Distanz zu vergrößern. Formulierungen wie z.B. „Ich will", „lass uns hineintauchen", „lass es uns einfach tun", „lass uns einfach weitermachen" charakterisieren Menschen mit Annäherungsneigung. Formulierungen wie "Ich will nicht wirklich", „was passiert, wenn...?" „Haben wir alle möglichen Fallstricke berücksichtigt, bevor wir in Aktion treten?" beschreiben Menschen mit Vermeidungsneigung.

Menschen, die dazu neigen, sich zu organisieren, indem sie Dinge auf Abstand bringen, können leicht als Menschen mit negativen Gedanken oder als Menschen des Rückzugs "abgestempelt" werden. Doch sollte man die Vorzüge der Menschen mit Vermeidungsreflexen anerkennen: Sie geben der Sicherheit oder dem Reflektieren Vorrang, neigen dazu, nicht über das hinauszugehen, als wofür sie verantwortlich gemacht werden können. Und manchmal ist körperliche Abwesenheit wirklich besser als Geistesgegenwart. Sobald sie sich sicher fühlen, zeigen diese Menschen in der Regel, dass sie bereit sind, aus ihrer Schutzzone zu kommen.

Die Vermeidung durch Distanz kann eine Flucht aus Kontakt und vor Ängsten sein. Andererseits kann reflexhafte Annäherung ebenfalls eine Flucht aus Kontakt und vor Ängsten sein (Flucht nach vorne). Stärken der Annäherungsreflexe sind Dynamik, Beurteilungen und Handlungen wagen, ins Tun kommen, und nicht nur Denken und Reden. Dies kann den nötigen Antrieb geben, Dinge zu erledigen und andere einzubeziehen.

Um es in eine Metapher zu fassen: Wenn Du Dein Auto durch Schlamm fahren willst, brauchst Du Geschwindigkeit, um durchzukommen. Wenn du in der Mitte stoppst oder langsamer wirst, wirst du wahrscheinlich stecken bleiben. Hingegen: Wenn Du auf Eis fährst und zu viel beschleunigst, kann die Situation außer Kontrolle geraten oder die Räder drehen, ohne voranzukommen. Du solltest in diesem Fall lieber anhalten, die Situation vorbereiten (z.B. mit Sand) und dann langsam versuchen, Dich neu zu bewegen.

Welche Situation gegeben ist, ist nicht immer leicht zu erkennen, doch sollten auch hier nicht die eigenen Reflexe dominieren. Hat man beide Stile zur Verfügung, ist man freier, die Situation zu beurteilen. Wenn sie unklar bleibt, muss man mit beiden Stilen experimentieren und sehen, was schließlich funktioniert.

11.13. Details und das Gesamtbild

Manche neigen dazu, im Detail zu denken und andere denken allgemeiner. Wer zum "Gesamtbilddenken" neigt, sagt "dieses Projekt wird funktionieren", was solche, die zum Detail neigen, nicht besonders anspricht. Sie möchten genau wissen, wie dieses Projekt funktionieren soll und an welchen Kriterien zu erkennen ist, ob es funktioniert. Ein solches "Detaildenken" erfordert, Kontexte und Abläufe früh näher zu erfassen. Bei "Detaildenkern" wird oft befürchtet, dass sie sich im Detail verlieren können, bzw. den Wald vor den Bäumen nicht sehen werden.

Gesamtbilddenker haben die Kraft, einen allgemeinen Rahmen, ein breiteres Bild zu kreieren, können aber entscheidende Details dabei aus den Augen verlieren. Sie sehen dann wiederum vor lauter Wald die Bäume nicht. Sie bekommen oft zu hören, dass der Teufel im Detail steckt. Was auch hier wieder gebraucht wird, ist eine Balance zwischen beidem.

Gesamtbilddenker können lernen, große Ideen in kleinere Beispiele zu zerlegen, um sie zu veranschaulichen. Genau das ist es nämlich, was Detaildenker brauchen, um zu glauben, dass das Gesamtbild gültig und entwicklungswürdig ist. Bei Bedarf Beispiele liefern zu können, bedeutet für Gesamtbilddenker tägliche Übung. Dies gibt ihnen die Möglichkeit, den Kontakt zu Detaildenkern herzustellen, aber auch zu klären, wie das Gesamtbild im realen Leben realisiert werden kann.

Detaildenker laufen Gefahr, die Orientierung zu verlieren, während sie Details ansammeln. Ihre Ideen und Beiträge zu einem größeren Bild ergeben sich aus einer Reihe von detaillierten Beschreibungen, die als Ideen abstrahiert werden müssen.

Ihre tägliche Übungsaufgabe ist die Antwort auf die Frage:

"Wofür ist meine konkrete Beschreibung ein Beispiel?"

So koppeln sie an Gesamtbilddenker an.

11.14. Bewertung von Beiträgen

Obwohl wir alle einen Beitrag leisten wollen, haben wir keinen gemeinsamen Maßstab, an dem wir den Wert von Beiträgen messen können. Jeder möchte, dass seine Beiträge gesehen und anerkannt werden. Etwas, wofür ich von anderen anerkannt werden möchte, soll bei gemeinsamer Leistung auch etwas zählen. Manchmal erkennen oder schätzen andere Beiträge nicht, die ich für den Ausgleich von Geben und Nehmen hoch bewerte. Wenn ich mich in meinem Geben nicht akzeptiert fühle, gerate ich in eine Art Verrechnungsnotstand (Helm Stierlin). Der Grund dafür kann sein, dass andere den Wert, den ich für mein Konto von Geben und Nehmen beanspruche, nicht bestätigen. Vielleicht haben sie wirklich andere Anforderungen an das, was in diesem Zusammenhang für sie und das Unternehmen von Wert ist.

Da alle unterschiedliche Kriterien für die Bewertung von Beiträgen verwenden, sollten zwischen den Beteiligten immer wieder geklärt werden, welche Beiträge anerkannt werden und wie sie in den „Buchhaltungen" erfasst werden. So können Werte in Beziehungen akzeptiert und Gleichgewichte von Geben und Nehmen bestimmt werden. Dies soll nicht bedeuten, dass alles in „Handelswerte" umgewandelt werden und alle Erfahrungen auf einen Bezugsrahmen von Geben und Nehmen beschränkt werden soll. Enttäuschungen und offenes oder unterschwelliges Ringen um ausbleibenden Respekt sind jedoch oft das Ergebnis von fehlender Klärung im vorhinein, wie künftige Beiträge gegenseitig gewertet werden.

Dialoge über ein gemeinsames Verständnis von Beiträgen und ihre Bewertungen beugen dem Ansammeln nicht gewürdigter Verdienste und späteren Kämpfen um Verrechnung vor.

11.15. Typologie von C. G. Jung

Der Tiefenpsychologe Carl Gustav Jung schuf ein Modell mit der Benennung "Typologie", das zeigt, wie sich Menschen unterschiedlich auf Realität beziehen. Es wird instrumentell unter anderen Namen verbreitet verwendet und ist z.B. unter dem Namen MBTI bekannt. Wir bevorzugen die ursprüngliche Version - allerdings mit veränderten Benennungen der Funktionen.

Jung definiert vier Zugänge zur Realität, die sowohl voneinander unabhängig als damit auch komplementär sind. Da sie sich nicht gegenseitig ersetzen können, müssen alle vier Zugänge gleichermaßen entwickelt werden. Erst bei wechselseitiger sinnvoller Ergänzung ermöglichen sie gemeinsam vollständige Wirklichkeitsbilder.

Dieses Modell soll hier kurz beschrieben werden.

Jung postuliert, dass es zwei direkte Zugänge zur Realität gibt, nämlich die Wahrnehmung der bestehenden Realität und das Ahnen möglicher Realitäten.

Realitäten in Organisationen ermöglichen Wahrnehmungen, d.h. Erscheinungen, die von den Sinnen wahrgenommen werden. Dies ist die eine Hälfte von Realität, von der viele Menschen glauben, dass dies das Gesamtbild sei. Wir können diese Hälfte als Realitätssinn bezeichnen. Ahnungen, welche anderen Realitäten auch möglich wären, beschreiben die andere Hälfte von Realität. Man kann diese Hälfte als Möglichkeitssinn

(Musil) bezeichnen. Diese Realität ist eine Potenzialität, wurde also noch nicht manifest oder durch Verwirklichung realisiert. Jung geht davon aus, dass potentielle Realitäten mehr sind als nur theoretische Möglichkeiten. Sie liegen in der Luft, um gegenwärtige Realitäten zu werden. Die psychologische Funktion, die dies erfasst, kann als Ahnen bezeichnet werden.

Viele Orientierungen in Management oder Beratung beziehen sich auf "ein Gespür für das Mögliche", ohne dafür ein entsprechendes Konzept liefern zu können. Potenzielle Realität kann sich völlig von der aktuellen unterscheiden und könnte nun hergestellt oder als Ersatz für sie geboren werden.

Wahrnehmen und Ahnen sind also direkte Zugriffe auf Wirklichkeit. Darüber hinaus postuliert Jung zwei Möglichkeiten, wie durch die Sinne für Manifestes und Potentielles gewonnenen Eindrücke zu verarbeiten. Dies sind Denken und gefühlsmäßig Bewerten.

Denken bedeutet, eine intellektuelle Ordnung für gewonnene Empirie und Ahnungen zu schaffen. Hierfür werden Kategorien und analytische Zuordnungen gebraucht. Dinge inhaltlich richtig einzuordnen und dafür geeignete Kategorien einigermaßen konsistent zu bilden und in der Diskussion beizubehalten, zu realisieren, welche Daten man dafür auch braucht und wie solches Wissen zu handhaben ist, gehört zu einem qualifizierten Umgang mit Wirklichkeit.

Wenn bestehende oder potenzielle Realität nicht nach ihrem Inhalt, sondern nach ihrem Wert zu untersuchen und zu beurteilen ist, braucht man gefühlsmäßiges Bewerten. Gefühlsmäßiges Bewerten ist eine psychische Funktion, die der Realität unmittelbar Bedeutung zuweist und Bedeutungsverlust oder — gewinn erkennt, ziemlich unabhängig von empirischem und intellektuellem Einordnen.

Realität wird "auf eine gefühlsmäßige Goldwaage gelegt", um subjektiv zwischen Sinnvollem und Sinnlosem zu unterscheiden. Dabei spielen die Sozialisation auf Werte und so etwas wie eine innere Stimme eine wichtige Rolle. Inhaltlich Richtiges braucht nicht sinnvoll zu sein und Sinnvolles nicht inhaltlich richtig. Erst die Kombination von beidem erbringt solide Beurteilungen und ist auch ökonomisch, weil Anstrengungen im falschen Modus vermieden werden.

Alle vier Funktionen müssen in Ausrichtung und Vielfalt in verschiedenen Lernprozessen entwickelt werden. Wahrnehmen und Denken können "objektiv" z.B. durch Medien erlernt werden. Dieser Wirklichkeitszugang ist auch die Domäne der Wissenschaft. Offensichtlich leben Menschen aber auch in Sphären, die nicht auf diese Weise beschrieben werden können. Solche Wirklichkeitszugänge, die hier als gefühlmäßiges Bewerten und Ahnen beschrieben sind, werden oft zu Unrecht als „spontan" und daher nicht qualifizierungsbedürftig angesehen.

Tatsächlich handelt es sich aber auch hierbei um durch unbewusste Lernprozesse entstandene Gewohnheiten, gute wie schlechte, die auch durch Lernen verbessert werden können. Gefühlsmäßiges Bewerten und Ahnen lassen sich allerdings nicht allein durch Erklären erlernen. Es geht um Verstehen. Lernen in Beziehung, Resonanz von anderen, die in diesen Zugängen weiterentwickelt sind, ist hierfür erforderlich.

Aufgrund seiner langjährigen Erfahrung argumentiert C.G. Jung durchaus plausibel, dass jeder zunächst zwei Funktionen (in der schematischen Darstellung Abb. 39) nebeneinander dargestellte Funktionen als bevorzugte Modalitäten entwickelt.

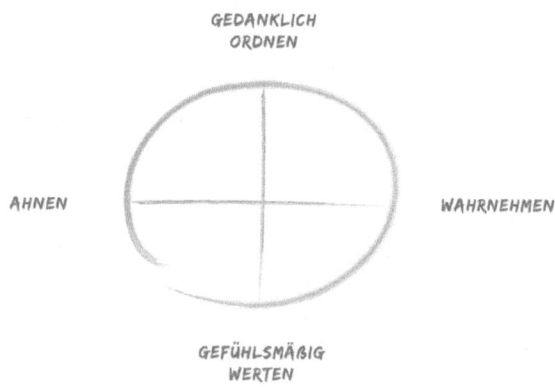

GEDANKLICH
ORDNEN

AHNEN

WAHRNEHMEN

GEFÜHLSMÄßIG
WERTEN

Abb. 39: Vier komplementäre Zugänge zu Wirklichkeiten

Metaphorisch gesprochen dominieren diese beiden Zugpferde lange Zeit im Vierer-Gespann der Wirklichkeitsinterpretation. Wenn dabei genügend dazugelernt wird, kommt man damit auch lange zurecht. Man ist dann versucht, auf Dauer die eigene Wirklichkeit möglichst gut und umfassend durch Ausbau dieser beiden Funktionen zu beurteilen. Doch geht es, wie überhaupt in der Psychologie von C.G. Jung, nicht um Vollkommenheit innerhalb weniger Dimensionen, sondern um Vollständigkeit, also um eine gute Balance zwischen vielfältigen Dimensionen. Langfristig müssen also die beiden zunächst vernachlässigten Wirklichkeitszugänge mehr beachtet und qualifiziert werden, um Wirklichkeit ganzheitlicher zu erfassen. Die entscheidende Entwicklung besteht also in der Ergänzung der Modalitäten, auch wenn man sich dabei mancher Unbeholfenheit auf wenig vertrautem Terrain stellen muss.

Tut man das nicht, besteht die Gefahr, dass der Umgang mit Wirklichkeit durch die weniger beachteten und qualifizierten Modi aus dem Hintergrund subversiv dominiert wird.

Wer sich unreflektiert für einen empirischen Rationalisten hält, wird unbewusst zunehmend durch irrationale Ahnungen und Wertungen gesteuert. Und wer sich unreflektiert für einen sinnorientierten Visionär hält, kann zunehmend verfehltem Denken und unzureichendem Sinn für Empirie zum Opfer zu fallen.

Sich mit allen Wirklichkeitszugängen und seiner persönlichen Entwicklung diesbezüglich auseinanderzusetzen, hilft dabei, Irrwege zu vermeiden und ganzheitlichen Umgang mit Wirklichkeiten weiterzuentwickeln.

12. Kultur teilen

Kultur ist nicht nur eine Sache des Feuilletons, sondern auch des Wirtschaftsteils der Zeitung!

Warum ein Kapitel über Kultur am Ende dieses Handbuches? Nachdem der kulturelle Ansatz des isb in der Einführung beschrieben wurde, sollen nun alle der in den folgenden Kapiteln behandelten kulturellen Aspekte noch einmal zusammengeführt werden. Kultur ist kein Ding an sich, sondern eine Art, Leben zu koordinieren und mit anderen zu teilen. Ebenso wie beispielsweise Recht wird Kultur eben erst dann relevant, wenn es um das Zusammenleben von Menschen geht. Die vorigen Kapitel beschreiben unsere Perspektiven und Ansätze für das Zusammenleben von Menschen in Professions- und Organisationswelten. Deswegen wurde Kultur in allen Kapiteln behandelt, wenn auch aus unterschiedlichen Perspektiven. Aus verschiedenen kulturellen Perspektiven wie Führungskultur, Lernkultur oder Teamkultur konnten wir differenzierte Beschreibungen und Ansätze zur bewussten Gestaltung von Kultur anbieten.

12.1. Warum Kultur?

Kultur als solche kann nicht direkt identifiziert oder gemessen werden. Sie beeinflusst die Erfahrung und das Verhalten jedes Einzelnen wie ein Magnetfeld, das Kraftfelder strukturiert. Kultur zeigt sich in vielen Dingen wie menschlichen Gewohnheiten, Symbolen, wiederholten Ereignissen und Reaktionsmustern.

Betrachten wir einige allgemeine Überzeugungen über Kultur:

Auf den ersten Blick mag man meinen, dass Kultur eine Frage des "Nice to have" ist, aber tatsächlich geht es um Wirtschaft, Wissenschaft, Politik usw. Wenn man genauer hinschaut, stellt man fest, dass Kultur so etwas wie eine evolutionäre "Software" ist, die lebende Systeme organisiert und ihnen ihre eigene Identität verleiht. Tiere und vermutlich auch Pflanzen entwickeln kulturelle Prinzipien der Zusammenarbeit durch Anpassung an das Leben. Zum Beispiel jagen einige Orca-Stämme (Schwertwale) Fische, andere jagen Robben, andere sogar Wale anderer Stämme oder deren Babys. Alle vermitteln diese Kultur an ihre Nachkommen. Auf diese Weise entwickeln Individuen kulturelles Verhalten und Identität in ihren Welten.

Evolution ist nicht nur der Kampf ums Überleben und um Privilegien. Neben dem gegenseitigen Fressen gibt es viel mehr Kooperation und Koevolution, als wir gewöhnlich annehmen. Orcas zum Beispiel lernen zu kooperieren, schwimmen in Formation und bauen so gemeinsam eine große Welle auf, die eine Robbe von ihrer Eisscholle wirft. Orcas können fürsorglich sein, nicht nur im Rahmen der Aufzucht ihrer Jungen. Es wurde beobachtet, dass ein erwachsenes Orca mit Behinderungen nur deswegen überlebt hat, weil Artgenossen ihm immer wieder Fischanteile aus ihrer eigenen Jagd übergelassen haben. Zusammenarbeit ist nicht auf Mitglieder derselben Art beschränkt. In Korallenriffen wurde die Zusammenarbeit zwischen einem Oktopus und einem Zackenbarsch bei der Jagd auf kleine Fische beobachtet. In Posen gab der Zackenbarsch dem Oktopus Hinweise auf die Verstecke von kleinen Fischen, die der Oktopus dann aufstöberte und sie vom Zackenbarsch gefangen wurden. Sie teilten ihre Beute und profitieren damit beide, eine Erfahrung wertvoll genug um ihren jeweiligen Nachkommen beigebracht zu werden.

"Kultur entsteht durch Kultur und Beispiele machen Schule". Und: *"Durch Kultur kann das Beste in allen hervorgebracht und*

miteinander verbunden werden. So arbeiten und leben sie besser und gewinnen mehr Kompetenz und Würde" (isb-Slogans)

Der erste Slogan unterstreicht, dass Kultur am besten dadurch gelernt wird, dass man daran teilnimmt. Weder Rezepte noch Vorschriften, sondern das Erleben kultureller Beispiele machen Schule. Der zweite hebt die Vorteile der Veränderung von Individuen und Organisationen durch Kultur hervor. Wer positiv an einer guten Kultur beteiligt ist, bei dem aktivieren sich intuitiv positive Versionen seiner selbst, die sich dabei mit den besseren Versionen der anderen verbinden. Für das Plädoyer in der Einleitung dieses Buches: Wer schnell zur Sache will, sollte mit Kultur anfangen! gibt es also gute Gründe.

Unter gutem Kultureinfluss präsentieren Menschen manchmal Versionen ihrer selbst, die anderen und sogar ihnen selbst bisher unbekannt waren. Zu beachten ist, dass dies nicht durch Lernen und Arbeit am eigenen Selbst allein erreicht wird, sondern durch den Kontext einer positiven Kultur, solange sie aufrechterhalten wird. Wenn sie kollabiert, können die Menschen zurückfallen und es kann schwierig sein, verlorene Kultur zu reaktivieren.

12.2. Was ist Kultur?

Ist Kultur deskriptiv oder präskriptiv?

Als die Diskussion über die Organisationskultur vor Jahren begann, gab es ein Durcheinander von verschiedenen Betrachtungsweisen.

Die deskriptive Position war: "Jede Kultur ist Kultur. Kultur kann als solche beschrieben, aber nicht absichtlich verändert werden." Kulturbeschreibungen sollen helfen, zu spezifizieren und zu verstehen, was beobachtet wird und wie das Kraftfeld der Kultur anscheinend funktioniert. Die präskriptive Position: "Kultur meint höhere Kultur. Kultur sollte entworfen und dann umgesetzt werden." Wenn sich Kreative aller Art wie Manager und Dienstleister mit Kultur befassen, dann in der Absicht, sie zu gestalten oder zu verändern. Infolgedessen gehört die Beschreibung kulturellen Ziele und wie sie erreicht werden sollen, dazu.

Da Kultur verschiedene Aspekte hat, gibt es auch verschiedene Möglichkeiten, sie zu definieren. Lassen Sie mich zwei Beispiele für Definitionen vorstellen, die sich für das isb als nützlich erwiesen haben.

Definition 1: Kultur ist ein "Containerkonzept", das beschreibt, wie Wirklichkeit bewusst und unbewusst, gewohnheitsmäßig oder kreativ mit unterschiedlichen Mitteln gestaltet wird.

Wie diese Definition besagt, sind einige Beiträge zur Kultur bewusst, aber die meisten sind unbewusst. Ohne aktuelle Aufmerksamkeit wird Kultur gewohnheitsmäßig praktiziert, was die Dinge einfach und bequem macht, solange die geschaffene Realität den Herausforderungen und Bedürfnissen der beteiligten Menschen entspricht. Es kann jedoch zu Problemen oder Irritationen kommen, wenn dies nicht der Fall ist. Dann muss Kultur analysiert werden und neue Elemente sollten geschaffen, eingefügt und verhaltensorientiert geübt werden, bis sie auch intuitiv genutzt die bisherigen Gewohnheiten ersetzen können.

Definition 2: Kultur ist ein Sammelbegriff für alle expliziten und impliziten Regeln für Beschreibung, Pflege und Erschaffung von Realität.

Hier sprechen wir über Regeln. Kultur ist zunächst das, was

Menschen ohne besonderes Bewusstsein erleben oder tun. Es ist, was es ist und wie man es tut, und es fühlt sich "natürlich" an, solange es nicht durch irritierende Ereignisse oder die Herausforderungen durch andere Kulturen in Frage gestellt wird. Dann entstehen Fragen der bewussten Beschreibung und Gestaltung von Kultur.

Beispiel:

In Deutschland müssen alle bei Beginn einer Veranstaltung Ihr Handy ausschalten. Wo immer diese Regel selbstverständlich ist, werden Sie nicht erinnert, aber Sie erhalten eine negative Reaktion, wenn Sie die Regel brechen. Bei einer Ch10000ufführung in Süditalien jedoch schien niemand diese Regel zu kennen, und es wurde versäumt, sie explizit von vornherein oder durch deutliche Reaktion auf erste Abweichungen festzulegen. Die Vorstellung glich einem Jahrmarkt, und unterschied sich kulturell deutlich von einer vergleichbaren Vorstellung in Deutschland.

Kultur kann kaum ausschließlich durch Vorschriften und Kampagnen entwickelt werden, sondern es braucht immer auch lebendige Beispiele durch Schlüsselfiguren. Es ist wie beim Lernen eines neuen Tanzes. Gebrauchsanweisungen allein helfen nur bedingt. Wenn aber Schlüsselfiguren den neuen Tanz schon praktisch gelernt haben und anderen die Gelegenheit geben, Ihnen beim Tanzen zuzusehen und mitmachen zu können, kann das neue System der Interaktion in das bestehende Repertoire ganzheitlich integriert werden. Die Koordination aller Bewegungen kann so leichter erlernt und als neues kulturelles Element gemeinsam realisiert werden.

12.3. Organisationskultur

Kultur ist für das Management komplexer Organisationen unabdingbar. Diese können nicht allein durch Anweisungen gesteuert werden, weil dies die komplexen Interaktionen von Individuen nach meist unbewussten Regeln nicht genügend erreicht. Kultur ist so komplex und mächtig wie das Funktionieren komplexer Organisationen. Das Verständnis von und der Umgang mit Kultur ist unerlässlich für das Verständnis wie komplexe Organisationen funktionieren.

Organisationskultur ist so etwas die "Persönlichkeit" des Systems. Wie die Persönlichkeit eines Individuums ist sie durch viele Ausdrucksformen unmittelbar erfahrbar, kann aber nicht randscharf definiert werden. Wie auch Persönlichkeit wächst Kultur mit der Zeit durch sowohl durch ihre DNA als auch durch ihre Erfahrung.

Die DNA einer Organisation umfasst alle formalen Strukturen sowie ihre Form- oder Leitprinzipien, ihren Bauplan sozusagen. Die Biologie befasst sich neuerdings unter dem Begriff Epigenetik auch mit dem genetischen Material, das einst als „DNA - Müll" galt, heute aber als unerlässlich erkannt wurde. Die epigenetische Programmierung bestimmt die „Schalterstellung" von DNA-Segmenten und damit die Entwicklung des Organismus. Epigenetik kann durch Erfahrung geprägt und durch Vererbung von Schalterstellungen kann Erfahrung an die nächste Generation überliefert werden. Epigenetik versinnbildlicht Vorstellungen, wie in Gemeinwesen Individuen auf bisher unbekannte Weise durch Erfahrungen anderer geprägt werden können. Anders als in der Biologie können Gründer und Manager kulturelle DNA und deren Epigenetik direkt mitgestalten und deren Kultivierung zu einem unverzichtbaren Teil ihrer Verantwortung machen.

12.4. Mentalität der Kultivierung

Häufig kommen Führungskräfte, Manager und Unternehmer zur Weiterbildung oder zur Beratung an das isb, um mehr darüber zu lernen, wie Projekte gestartet oder Probleme schnell gelöst werden können. Natürlich brauchen sie manchmal sofortige Hilfe, und wenn möglich, wird eine angemessene Menge davon angeboten und geliefert – meist durch die professionelle Kompetenz der anderen Gruppenmitglieder. Gleichzeitig appellieren wir an eine parallele Kultivierung in Sachen Leadership und Unternehmertum.

Viele Fehler könnten vermieden werden, wenn die Verantwortlichen gewonnene Weisheit aus anderen Bereichen wie beispielsweise dem Gartenbau nutzen könnten. Wenn wir etwas in eine gewachsene Kultur einpflanzen wollen, fällt den meisten zunächst ein, eine vorkultivierte Pflanze zu kaufen und sie in ein vorbereitetes Loch zu pflanzen. Manchmal funktioniert das, oder es funktioniert eine Weile, bis es ziemlich miserabel ausgehen kann. Der Boden drum herum wurde möglicherweise nicht ausreichend kultiviert, oder die Pflanze passt nicht zum Standort und seiner Pflanzenwelt. Die neue Pflanze hat nach der Pflanzung möglicherweise nicht genügend Pflege erhalten. Möglicherweise wurde sie auch unter Gewächshausbedingungen zu sehr hochgezüchtet, um sich an die aktuellen Außenbedingungen anpassen zu können. Möglicherweise hat ein Außenstehender ohne Verständnis der Kultur, in der die neue Pflanze wachsen soll, Entscheidungen getroffen oder Pflege übernommen. Schließlich geht ein Großteil der Pflanzung daneben und man wäre schneller und erfolgreicher gewesen, hätte man mehr Sorgfalt aufgewendet.

Im Prinzip unterscheidet sich Kultivierung in Gesellschaft und Wirtschaft nicht von Kultivierung in der Landwirtschaft.

Am Anfang reicht vielleicht eine irgendwie geratene Kultur,

solange sie für einige Zeit genügend Früchte liefern kann. Wenn jedoch eine gesicherte und hochwertige Ernte für mehr Menschen über einen längeren Zeitraum benötigt wird, muss man Kultivierung optimieren. Denn nach anfänglichem Aufschwung stellt sich heraus, dass sich im Laufe der Zeit Probleme ansammeln und die Ausbeute nachlässt, solange es z.B. keine ordentliche Bodenpflege gibt. In der Folge sind immer mehr Anstrengungen erforderlich, um Fehlentwicklungen auszugleichen und Prozesse zu stabilisieren. Je mehr sich das unzureichende System erschöpft, umso mehr wird man mit Ausfällen und Krisen konfrontiert. Hält man an Ausbeutungs- und Wachstumsmentalität ohne Bodenpflege fest, wird zudem die Erholungsfähigkeit stark beeinträchtigt. Dann wäre es höchste Zeit zu erkennen, dass Kultur und Bodenpflege eine Voraussetzung für nachhaltige soziale und wirtschaftliche Entwicklungen sind.

12.5. Kulturwandel

"Ob unsere Kinder lernen, was wir ihnen beibringen wollen, ist ungewiss. Aber unser Erziehungsverhalten dabei lernen sie allemal." (B.S. Sprüchebüchlein)

Was macht es so schwierig, einen nachhaltig positiven systematischen Wandel herbeizuführen? Ein Grund dafür ist, dass wir die Beharrungs-Kräfte und die notwendigen Anstrengungen für kulturellen Wandel nicht richtig einschätzen. Alte Gewohnheiten und deren Interaktion werden immer wieder unterschätzt, während neue inhaltliche Ansagen, kampagnenartige Events und die individuelle Begeisterung für Veränderungen überschätzt werden.

Um die Kultur eines Systems zu verändern, müssen neue Elemente auf vielen Ebenen und in koordinierter Weise eingeführt werden. Lernen muss integriert und neue kulturelle Elemente müssen tagtäglich praktiziert werden. Und viele von denen, die im Arbeitsalltag miteinander Verantwortung teilen, müssen einbezogen werden. Die neue Kultur lässt sich nur dann aufrechterhalten, wenn sie in einem Ausmaß eingeübt wurde, welches die alte Kultur an Stärke übersteigt. Je mehr neue kulturelle Elemente praktizierte Traditionen infrage stellen, desto sorgfältiger müssen sie eingeführt und immer wieder wiederholt werden, bis sie die bestehenden Gewohnheiten außer Kraft setzen können. Um dies zu erreichen und um Loyalitätsprobleme zu vermeiden, müssen neue kulturelle Elemente möglichst an die bestehenden Traditionen und deren Wertehintergrund angeschlossen werden.

Wenn ein neues Vorhaben ansteht oder kulturelle Probleme sofort gelöst werden müssen, kann der Spielraum für eine akzeptable und gewünschte Kultur begrenzt erscheinen. Dann kann man versucht sein, mit einer fragwürdigen Kultur provisorisch zu beginnen, um später nachzubessern. Hier ginge die Organisation den falschen Weg, denn es ist die Anfangsphase, in der ihr kultureller Charakter geprägt wird. Hat man erst mal eine unpassende Lampe in seinem Wohnzimmer akzeptiert, braucht es später zusätzliche Anstrengung, sie doch noch zu wechseln. Jedes System neigt dazu, was ursprünglich vorhanden war, zu erhalten und zu entwickeln. Sind diese Prägungen unbewusst und im Zusammenspiel vieler Akteure erstmal eingeschliffen, wird es sehr schwierig, sie zu identifizieren und zu verändern.

Grundlage für einen erfolgreichen Kulturwandel ist deswegen eine realistische Einschätzung der Ausgangsbedingungen wie Reife und verfügbare Ressourcen, Motivation, Zeit, Energielevel etc. Der andere grundlegende Faktor ist, dass Gestaltung und Steuerung des Veränderungsprozesses über einen ausreichenden Zeitraum möglich sind.

Die notwendigen Investitionen und Kompetenzen für den kulturellen Wandel zu sichern, ist ein wesentlicher und zunehmend relevanter Bestandteil von Führung. Normalerweise muss diese Verantwortung intern wahrgenommen werden und ist eine Anforderung, die nicht durch glanzvolle Events und teure Dienstleistungen externer Berater ersetzt werden kann. Die Größe der Herausforderung hängt von der Entwicklungsfähigkeit, von Individuen, von Teams, der Organisation als Ganzes und manchmal auch vom Umfeld, in dem die Organisation tätig ist, ab.

13. Nutzungs-Anleitung für Weiterarbeit im isb campus

Englische Version: isb-handbook Creating Shared Realities
In Deutsch und in Englisch ist das isb-Handbuch identisch.

Vom isb-Handbuch gibt es im Campus zwei Versionen:

● Gesamtversion mit Inhaltsverzeichnis

● Einzel-Kapitel nach Themen aufgeteilt. Siehe hierzu die Übersicht über alle Einzelkapitel. Die Inhaltsverzeichnisse zu jedem dieser Kapitel entsprechen der Zählung in der Gesamtversion.

Weiterführende Hinweise und Materialien zur Vertiefung zu jedem Kapitel sind auf dem isb-Campus in öffentlichen Merklisten platziert (Übersicht über alle Merklisten).

Dort finden Sie Hinweise auf vertiefende Studiermöglichkeiten und links zu den kostenlos verfügbaren Schriften, Audios, Videos und Charts.

Für viele der Themen gibt es „Click to transfer" -Versionen. Hier können Sie Powerpoint- Charts durchblättern und durch Anklicken direkt in die entsprechenden Video-Sequenzen eintauchen. Die Charts können sie einzeln oder im Paket herunterladen und mit Ihrem eigenen Logo weiterverwenden. Dazu gibt es zu vielen Themen didaktisches Material wie Handouts, Übungen und Designs, die Sie ebenfalls weiterverwenden können. Hierzu ist eine kostenlose Registrierung notwendig.

Verfügbar sind also:

- Gesamtversion mit Inhaltsverzeichnis

- Übersicht über Schaubilder inklusive der offenen PowerPoint-Charts

- Bullet-Point-Übersichten aus dem Text (nach Kapiteln und Nummerierung aus dem Gesamttext)

- Einzelne Kapitel mit jeweiligen aktiven Inhaltsverzeichnissen (Übersicht über alle Einzelkapitel) mit den Nummerierungen nach Gesamttext und

- Links zu Merklisten im Campus mit allem vertiefenden Material (Übersicht über alle Merklisten).

In der digitalen Version
www.isb-w.eu/campus/de/themenkoerbe/isb_handbuch.php/
finden sie in dieser Nutzungsanleitung alle direkten Links zu diesen Angeboten.

Im Buchhandel:

Im Buchhandel:

Im Buchhandel:

Im Buchhandel und kostenloser Download: www.isb-w.eu/campus

Bernd Schmid

Kultur und Lernen
in Organisationen

Bernd Schmid

Verantwortung
Last und Würde
Essays

Bernd Schmid und Andrea Mikoleit

Und der Haifisch,
der hat Zähne

Umgang mit Macht, Angst und
persönlicher Stärke

Bernd Schmid
Psychotherapieschulen
und ihre
Schlüssel-Ideen

Gründer - Stories - Extrakte

Im Buchhandel und kostenloser Download: www.isb-w.eu/campus

Im Buchhandel und kostenloser Download: www.isb-w.eu/campus

Sowie zahlreiche Videos auf www.youtube.com/user/ISBlearning

Dilemma-Zirkel und professionelle Kompetenz; Bernd Schmid; 2019; Heidelberg

z.B.: Dilemma-Zirkel und professionelle Kompetenz
www.youtube.com/watch?v=2L7mK0f0xss

Zeitfracht Medien GmbH
Ferdinand-Jühlke-Straße 7
99095 Erfurt, Deutschland
produktsicherheit@kolibri360.de